L'autonomie de la notion de raison impérative d'intérêt public majeur

Collection « Prix scientifique »

Cette collection accueille exclusivement les manuscrits primés chaque année par le jury scientifique du Prix L'Harmattan.
Chaque année, les Éditions L'Harmattan proposent en effet, sur appel à candidature, deux séries (doctorats et masters) de prix scientifiques destinés à récompenser et distinguer des travaux scientifiques d'excellence soutenus l'année précédente dans l'ensemble des domaines des sciences humaines, sociales et de la critique littéraire, tous les champs géographiques étant admis.

Le jury est composé de directrices et directeurs de collection, universitaires et chercheurs, et de responsables des éditions.

Dernières parutions

Jeanne Bocquet, *La formation des élites coloniales et ses conséquences sur les États post-coloniaux,* 2025.
Julien Argoud, *De Mohammed à Jésus*, 2025.
Martin Minost, *Habiter une utopie anglaise à Shangaï*, 2025.
Mélio Villemot, *Les artistes peuvent-ils faire autre chose que de l'art ?* 2025.
Raphaël Meyer, *L'intervention économique des communes à l'épreuve de l'intercommunalité,* 2025.
Camille Binder, *Le plateau de Saclay,* 2025.
Joris Llobéres, *Musique et handicap*, 2024.
Catherine Dolignier, *Plagiat et auctorisation*, 2024.
Daniel Magalhães Costa, *Communes et provinces au Brésil au temps des monarchies*, 2024.
Thomas Michel, *La scène techno en Palestine,* 2024.
Julien Charnay, *L'empire français face à ses migrants*, 2024.
Laure Rinié, *L'égalité femmes-hommes dans la formation*, 2024.
Djidjoho Isaac Houngue, *Expatriation et gestion des compétences interculturelles*, 2024.
William Salabert, *Fondations australes*, 2024.
Alicia Devaux-Rodriguez, *Jean-Luc Lagarce et le savoir-vivre*, 2024.
Maria Antonietta Impedovo, *Pratiques collaboratives en éducation,* 2024.
Tianshu Zhao, *Le possible de l'impossible*, 2024.

Baptiste Clerc

L'autonomie de la notion de raison impérative d'intérêt public majeur

Préface de Julien Bétaille

L'Harmattan

5-7, rue de l'École-Polytechnique – 75005 Paris
www.editions-harmattan.fr
ISBN : 978-2-336-49798-3
EAN : 9782336497983
Dépôt légal : janvier 2026

SOMMAIRE

REMERCIEMENTS

Je tiens avant tout à remercier mon directeur, M. Julien Bétaille, pour m'avoir guidé dans ce mémoire, pour son écoute, sa disponibilité permanente, ses précieux conseils et pour les nombreuses opportunités qu'il m'a offertes et qui ont largement nourri ce travail de recherche.

Je remercie l'ensemble de l'équipe pédagogique du master de droit de l'environnement de l'Université Toulouse Capitole et particulièrement son co-directeur, M. le Professeur Éric Naim-Gesbert, pour avoir accepté de siéger dans mon jury, pour son engagement et son envie dans l'enseignement du droit de l'environnement.

Je veux remercier en particulier deux de mes camarades pour leur aide et leur soutien. Merci à Dorian pour ses relectures et ses conseils, merci à Margaux pour son soutien tout au long de ce travail.

Enfin merci à ma famille et à mes amis pour leur présence et leur soutien au quotidien.

PRÉFACE
Qu'est-ce qu'un bon mémoire de recherche en droit ?

Julien Bétaille
Professeur à l'Université de Pau et des Pays de l'Adour,
Membre de l'*Institut universitaire de France*

Le mémoire de Monsieur Baptiste Clerc, consacré à *L'autonomie de la notion de raison impérative d'intérêt public majeur*, que nous avons eu le plaisir d'accompagner, constitue un travail remarquable à plus d'un titre.

Pour mieux s'en convaincre, nous proposons de revenir ici sur ce qui fait un « bon » mémoire de recherche. En effet, la distinction d'un tel travail, que ce soit par le jury du mémoire ou par le jury d'un prix, revêt souvent une part de mystère, en particulier dans les disciplines juridiques qui peinent parfois à expliciter leur contribution à la connaissance. Celles-ci ont des difficultés à déterminer des critères objectifs et acceptés permettant d'évaluer la qualité des travaux de recherche[1]. Le problème est bien ancré, même le caractère scientifique de ces disciplines n'est pas

---

[1] Olivier Jouanjan notait ainsi « l'absence même de souci commun pour la réflexion sur les conditions de scientificité du discours juridique » (Olivier Jouanjan, « De la vocation de notre temps pour la science du droit : modèles scientifiques et preuve de la validité des énoncés juridiques », *Revue européenne des sciences sociales*, 2003, p. 143). Pour Frédéric Rouvière, faute d'avoir établi des critères de scientificité, « plus que jamais, la science du droit est discutée dans sa légitimité même » (Frédéric Rouvière, « La vulnérabilité de la science du droit : histoire d'une science sans méthode », in Frédéric Rouvière (dir.), *Le droit à l'épreuve de la vulnérabilité*, Bruylant, 2011, p. 537).

consensuel[1]. Sans entrer dans le cœur d'un tel débat, nous proposons néanmoins d'exposer ici les éléments qui font, croyons-nous, d'un mémoire de Master tel que celui de Monsieur Baptiste Clerc un excellent travail de recherche.

Un tel exercice a bien sûr sa part de subjectivité mais nous pensons d'une part qu'il permet de rendre justice à la qualité de ce travail et d'autre part qu'il pourra être utile à d'autres étudiants en droit qui, finalement très peu initiés à la recherche juridique au cours de leur cursus, demeurent parfois dans l'expectative lorsqu'il s'agit de répondre à cette question : qu'est-ce qu'un bon mémoire de recherche ? Pour les y aider, nous expliciterons en premier lieu les éléments généraux qui, selon nous, caractérisent une bonne recherche juridique. Le mémoire de Master constituant une simple initiation à la recherche juridique, il est important de préciser, en deuxième lieu, quelles sont les qualités qui peuvent être exigées à ce niveau-là. Cela nous permettra également de souligner, en dernier lieu, les éléments qui constituent les signes de l'excellence du travail de Monsieur Baptiste Clerc.

Qu'est-ce qu'une bonne recherche en droit ?

Les éléments qui suivent relèvent de la catégorie des fausses évidences. En effet, l'épistémologie et la méthodologie juridiques restent des champs d'investigation marginaux chez les juristes et « un nombre considérable de discours juridiques sont produits sans considération de méthode ni

---

[1] Certains considèrent même ce débat comme dépassé, les juristes devant s'accommoder de pratiquer une discipline simplement « savante », œuvrant à la compréhension du monde mais sans produire de connaissances « scientifiques » (voir Rostane Mehdi, *Mission sur la recherche juridique au CNRS*, rapport INSHS-CNRS, 2016, p. 9-10).

de préoccupation épistémologique »[1]. Les méthodes de la recherche en droit et les exigences épistémologiques se transmettent souvent davantage par mimétisme que dans le cadre d'une formation ou d'une discussion approfondie. Il n'est donc pas inutile de rappeler quelques exigences en la matière qui, même si elles paraissent élémentaires, ne sont pas toujours suivies en pratique.

Premièrement, il est important pour tout chercheur de se poser la question de l'ontologie qu'il mobilise. Derrière ce terme se cache en réalité l'idée selon laquelle les discours sur le droit véhiculent nécessairement une manière de concevoir le droit qu'il convient d'identifier et de définir[2]. En effet, dans la mesure où l'objet de recherche des juristes est en principe juridique, déterminer la conception que l'on a du droit revient à définir précisément l'objet de la recherche et à révéler son cadre théorique[3], lequel influence ensuite les méthodes utilisées.

Deuxièmement, la définition de l'objet de la recherche va avec la formulation d'une question de recherche explicite. Comme l'a montré Gaston Bachelard, la production de connaissance, si tel est l'objet de la recherche en droit, ne peut pas s'en passer, la connaissance étant avant tout une réponse à une question[4]. Néanmoins, une telle entreprise n'est pas toujours simple. D'une part, elle nécessite la réalisation d'une revue de la littérature. Il s'agit alors

---

[1] Olivier Jouanjan, « De la vocation de notre temps pour la science du droit : modèles scientifiques et preuve de la validité des énoncés juridiques », *op. cit.*, p. 143.

[2] Voir Xavier Magnon, « Est-il utile et nécessaire de définir le droit pour l'étudier ? », *Les cahiers Portalis*, n° 8, 2021, p. 94.

[3] Voir Éric Millard, « L'aveu théorique comme préalable au travail juridique savant », Communication au VI° congrès français de droit constitutionnel, Montpellier, juin 2005.

[4] Gaston Bachelard, *La formation de l'esprit scientifique*, 1938, Vrin, 2004, p. 16.

d'identifier les questions qui n'ont jamais été posées ou de proposer une nouvelle manière de les appréhender. D'autre part, la formulation d'hypothèses découle nécessairement de la question de recherche. Il s'agit d'exposer clairement et *a priori* ce que l'auteur se propose de prouver ou, au moins, d'argumenter.

Troisièmement, il s'agit d'exposer les méthodes permettant d'éprouver ces hypothèses, c'est-à-dire le chemin que l'auteur propose de suivre pour en démontrer la véracité. Dans ce domaine, il n'est pas satisfaisant de se contenter de non-dits. En effet, « expliciter et expliquer la méthode employée dans une étude scientifique permet de vérifier les observations, de les reproduire et de juger le "protocole", et ce quelle que soit la science concernée, qu'elle soit "naturelle", sociale ou normative »[1]. Il s'agit de permettre au lecteur de juger de la qualité et des limites du travail de recherche.

Quatrièmement, il convient de préciser davantage la manière d'appréhender l'objet de la recherche. Évidemment, tous les discours sur le droit n'ont pas pour objectif d'être « scientifiques ». En revanche, ceux qui y prétendent sont supposés décrire et expliquer le droit tel qu'il est et non prescrire ce qu'il devrait être[2]. Autrement dit, il s'agit d'adopter une approche descriptive et explicative, et non prescriptive. Cette question a donné lieu

---

[1] Sacha Sydoryk, *La doctrine constitutionnelle – Etude des discours de connaissance du droit constitutionnel contemporain français*, thèse, droit, dactyl., Toulouse, 2020, p. 222.

[2] Voir Véronique Champeil-Desplats, *Méthodologies du droit et des sciences du droit*, 3e éd., Dalloz, 2022, n° 32.

à une littérature abondante[1] et conduit parfois à des confusions[2] : il ne s'agit pas d'interdire la présence de jugements de valeur dans les écrits doctrinaux mais d'exiger une forme de transparence. Il est seulement question, pour l'auteur, d'identifier comme tels les jugements de valeur contenus dans son propos. De plus, selon les détracteurs de l'exigence de neutralité axiologique, elle conduirait à l'absence de discours critique et participerait à une légitimation aveugle du discours objet, c'est-à-dire du droit. En réalité, un tel reproche ne peut être adressé qu'à des discours platement descriptifs, ceux du positivisme légaliste ou du formalisme juridique. En effet, les épistémologies normativiste et réaliste impliquent une dimension critique dans les discours sur le droit. En revanche, celle-ci n'est pas synonyme de postures prescriptives[3]. Il ne s'agit pas d'une critique politique mais d'une critique inhérente à l'analyse rigoureuse du discours objet.

Cinquièmement, la dimension critique de l'analyse est donc consubstantielle aux approches scientifiques[4]. La science est critique lorsqu'elle décrit véritablement le réel, par-delà

---

[1] Voir notamment le célèbre débat entre Danièle Lochak et Michel Troper (Danièle Lochak, « La doctrine sous Vichy ou les mésaventures du positivisme », in *Les usages sociaux du droit*, PUF, 1989, p. 252 ; Michel Troper, « La doctrine et le positivisme », in *Les usages sociaux du droit*, PUF, 1989, p. 286).

[2] Dans le domaine du droit de l'environnement, voir Julien Bétaille, « La doctrine environnementaliste face à l'exigence de neutralité axiologique : de l'illusion à la réflexivité », *Revue juridique de l'environnement*, n° spécial, 2016, p. 20.

[3] Voir Véronique Champeil-Desplats, *Méthodologies du droit et des sciences du droit*, *op. cit.*, p. 30.

[4] Voir Bernard Lahire, « Il n'y a de science que critique », *AIJC*, 2016, p. 35 ; Régis Ponsard, « La possibilité d'une analyse du droit (constitutionnel) scientifiquement et juridiquement critique », *AIJC*, 2016, p. 41.

les apparences, et non lorsque l'auteur y mêle ses propres jugements moraux. Mais comment cela peut-il se traduire dans le domaine juridique, notamment dans le cadre d'une approche analytique ? Véronique Champeil-Desplats explique qu'il s'agit, par une « rupture épistémologique », d'ouvrir « sur des discours d'explication, de dévoilement des présupposés ou d'analyse des conditions de possibilité de l'objet d'étude »[1]. Ainsi, « les récits critiques sur le droit (…) tendront soit à décomposer les raisonnements juridiques, à rechercher et à dévoiler les présupposés, soit à mettre en évidence les conditions sociopolitiques de production des normes juridiques, soit à évaluer les effets politiques et sociaux, soit encore à mettre en perspective les effets justificateurs ou conservateurs du droit en vigueur de certains discours déployés par la doctrine juridique »[2]. Si on resserre la focale sur les éléments les plus strictement juridiques, il est possible d'affirmer qu'« être critique, c'est révéler ce qui n'est pas visible par la simple description et observation en procédant à des dévoilements : dévoilements des fonctions du droit, dévoilement des contradictions entre les catégories juridiques et la réalité, dévoilement de l'artificialité du raisonnement formaliste du juge, etc. »[3].

Qu'est-ce qu'un bon mémoire en droit ?

Ces exigences méthodologiques peuvent-elles raisonnablement être appliquées dans le cadre d'un mémoire de recherche au niveau Master ? Probablement est-ce un peu trop ambitieux à ce stade, la thèse de doctorat laissant

---

[1] Véronique Champeil-Desplats, *Méthodologies du droit et des sciences du droit*, *op. cit.*, p. 30.
[2] Véronique Champeil-Desplats, *Ibidem*, p. 319-320.
[3] Isabelle Boucobza, « La neutralité axiologique est-elle dépassée ? Propos introductifs », *La Revue des droits de l'homme*, n° 24, 2023, n° 20.

davantage de temps aux étudiants pour les assimiler. En effet, l'exercice du mémoire s'inscrit dans un contexte spécifique. Le plus souvent, les étudiants n'ont reçu aucune formation à la recherche en droit avant la deuxième année de Master. S'agissant dès lors d'un exercice d'initiation à la recherche, et dans un contexte où la recherche en droit est souvent mal comprise[1], il semble difficile d'exiger des étudiants d'atteindre l'ensemble de ces standards. Cela ne veut cependant pas dire qu'il faille abandonner toute ambition scientifique.

Qu'est-ce donc qu'un bon mémoire de deuxième année de Master ? Cela commence nous semble-t-il par le choix d'un sujet pertinent. Si l'étudiant ne dispose pas toujours des connaissances nécessaires pour effectuer une revue complète de la littérature disponible, c'est l'une des missions du directeur du mémoire que de valider le sujet en tenant compte de l'état de la littérature. Les sujets nouveaux et le traitement novateur de sujets déjà connus seront ici privilégiés.

C'est ensuite, découlant de ce travail préalable, une bonne question de recherche ouvrant la voie à une réponse argumentée. Il est attendu d'un étudiant qu'il produise une véritable argumentation et qu'il défende une thèse. Si la méthode choisie pour cela importe peu à ce stade, il est néanmoins important que l'étudiant possède une conscience minimale qu'un travail de recherche doit être mené en suivant une méthode.

Bien évidemment, l'étudiant doit aussi faire preuve d'une excellente maitrise de son sujet sur le fond. C'est le moins que l'on puisse attendre s'agissant d'un travail approfondi, long de plusieurs mois. Maitrise technique du droit bien sûr,

---

[1] Voir Xavier Bioy, « Qu'est-ce que la recherche en droit ? La réponse du Conseil d'Etat », *AJDA*, 2022, p. 2265.

mais aussi maitrise conceptuelle. L'étudiant doit également, autant que possible, inscrire son travail dans les pas de la doctrine juridique existante.

Tout en étant secondaire, le rôle du directeur de mémoire est important. Sans être un co-auteur, il est un aiguilleur. Bien sûr il valide le sujet, la question de recherche, le plan, mais son rôle est avant tout de transmettre une méthode, de l'expliquer par l'exemple, dans le contexte qui est celui du mémoire, d'aider l'étudiant à présenter une argumentation cohérente au service de la thèse qu'il souhaite défendre. La transmission des méthodes ne peut pas uniquement s'en remettre au simple mimétisme. Exercice d'initiation, il s'agit de mettre le pied à l'étrier.

Le directeur assume également une mission fondamentale lorsqu'il évite à l'étudiant une sortie de piste malencontreuse. Quelles sont-elles ? Qu'est-ce qui n'est pas acceptable ? Il faut bien sûr éviter les descriptions sans relief, les simples paraphrases (et que dire alors du plagiat !). Quel est l'intérêt de lire un mémoire de recherche si c'est pour y trouver une pale copie du droit lui-même ? Il faut aussi éviter de s'en tenir à une simple synthèse du droit positif. L'exercice n'est bien sûr pas inutile, mais ce n'est tout simplement pas l'objet d'un mémoire de recherche.

La maitrise des formes est également fondamentale. A vrai dire, le mémoire est souvent l'occasion d'en apprendre les règles, que ce soit en matière de citation, de bibliographie, de distinction subtile entre sommaire et table des matières, etc. Il va de soi, mais il est certainement important d'insister sur ce point, le mémoire en droit est d'abord un exercice d'expression écrite, sans être pour autant un exercice littéraire. Il faut se garder d'envolées lyriques et privilégier à tout prix la clarté du propos. La priorité est donnée à la transmission des idées. La préciosité du langage et le jargonnage doivent être évités.

A cheval entre le fond et la forme, et c'est là peut-être l'un des conseils les plus importants que l'on peut donner à un étudiant qui s'engage dans un tel travail, il importe de fournir au lecteur le fil de son argumentation tout au long des développements. Cela lui permet bien sûr de contrôler que cette argumentation existe bel et bien, qu'elle ne souffre pas de contradictions internes, mais aussi de vérifier que l'on ne s'égare pas vers des terrains qui, tout en étant parfois très intéressants, n'ont plus grand-chose à voir avec le sujet. Les introductions des chapitres, les chapeaux et les conclusions intermédiaires en seront le terrain privilégié. On se posera sans cesse la question de savoir dans quelle mesure les développements en question contribuent à répondre à la question de recherche et constituent une pierre à l'édifice argumentatif d'ensemble. Beaucoup plus qu'une exigence de forme, cela constitue surtout un garde-fou, un moyen de s'assurer de rester sur de bons rails et de ne pas oublier en cours de route la nature de l'exercice à réaliser.

En quoi le mémoire de Monsieur Baptiste Clerc est-il un bon mémoire ?

Le mémoire de Monsieur Baptiste Clerc nous paraît répondre favorablement à la plupart des exigences précitées.

En premier lieu, le sujet réunissait de nombreuses qualités. D'abord, la notion de « raison impérative d'intérêt public majeur » (RIIPM) se trouve au cœur de tensions politiques, aux confins du développement économique et de la protection de la biodiversité. De ce fait, elle concentre nécessairement l'attention. Cela ne suffit évidemment pas à en faire un bon sujet juridique mais explique peut-être que la notion ait cristallisé un nombre important de décisions de jurisprudence. Ensuite, ce sujet avait sa part de mystère. Sans parler de cacophonie jurisprudentielle, on pouvait avoir le sentiment d'une hésitation entre appréciations relative et absolue de la notion de RIIPM. Il y avait aussi parfois des confusions ou des amalgames avec les notions voisines d'intérêt général ou d'utilité publique. Enfin, le sujet semblait mériter, au regard de la littérature existante[1], un traitement approfondi qui dépasse les limites inhérentes à un article de doctrine. Par exemple, à notre connaissance, personne n'était véritablement parvenu à élucider les origines européennes de cette notion. C'est désormais chose faite, et cela est très utile à sa bonne compréhension.

En deuxième lieu, l'auteur fait preuve d'une maturité méthodologique indéniable. Cela est particulièrement sensible dans l'introduction où Monsieur Baptiste Clerc fait preuve d'une très bonne progressivité, prenant soin de planter le décor en explicitant les notions fondamentales qu'impliquent le sujet. Surtout, il formule clairement une question de recherche et expose tout aussi clairement la thèse défendue.

En troisième lieu, l'auteur adopte une approche analytique de son objet d'étude. Il demeure principalement dans une posture descriptive et explicative, sans s'aventurer sur le terrain du jugement de valeur et, surtout, il procède sans

---

[1] Voir notamment Xavier Braud, « Opérations d'aménagement : le contrôle du juge sur les dérogations à la protection des espèces », *Droit de l'environnement*, 2015, p. 338 ; Simon Jolivet, « Dérogations « espèces protégées » et raisons impératives d'intérêt public majeur : des précisions et des interrogations », *Revue juridique de l'environnement*, 2016, p. 382 ; Gaëlle Audrain-Demey, « Aménagement et dérogation au statut des espèces protégées : la "raison impérative d'intérêt public majeur" au cœur du contentieux », *Droit de l'environnement*, 2019, p. 13 ; Dorian Guinard, « La raison impérative d'intérêt public majeur, forteresse environnementale bâtie sur du sable (mouvant) ? », *JCP A*, 2022, n° 17, p. 31 ; Rémi Radiguet, « Dérogation aux espèces protégées : faut-il rester de marbre face à la condition de raison impérative d'intérêt public majeur ? », *JCP A*, 2020, n° 2230.

cesse par distinctions successives pour dévoiler les tenants et aboutissants de la notion de RIIPM. Ce faisant, il soutient de manière très convaincante sa thèse en faveur de l'autonomie de la notion de RIIPM. Cela n'aboutit pas pour autant à une mise en ordre artificielle. Au contraire, il met au jour les contradictions. La dimension critique de l'analyse est patente. Restant à bonne distance de l'influence du Conseil d'Etat, ce qui n'est pas toujours évident dans le champ du droit administratif, Monsieur Baptiste Clerc s'appuie sur une série de distinctions pour finalement faire émerger une nouvelle grille de lecture.

Les résultats de la recherche sont, en dernier lieu, tout à fait tangibles. Tout d'abord, l'auteur autonomise la notion de RIIPM dans le champ du droit administratif, la distinguant notamment de celle d'utilité publique. Il s'agit de deux notions différentes qui sont appréciées de façon différente par le juge administratif. Excluant le recours à la technique du bilan, le juge entend respecter l'ambition de la notion de RIIPM, ce qui la rend beaucoup plus exigeante que celle d'utilité publique. Ensuite, dans le champ du droit de l'Union européenne et, singulièrement, dans le contexte de la directive Habitats, l'auteur distingue « deux versions » de la notion, celle de l'article 6 qui concerne la protection des sites Natura 2000 et celle de l'article 16 qui concerne les espèces protégées. Grâce à une recherche inédite dans les travaux préparatoires de la directive, l'auteur montre que les deux notions n'ont pas été pensées conjointement. Il souligne de plus que l'idée de mise en balance est, en matière d'espèces protégées, incompatible avec l'objectif même de la directive Habitats qui consiste à maintenir ou à rétablir les espèces prioritaires dans un état de conservation favorable. Enfin, Monsieur Baptiste Clerc recourt au concept de standard juridique pour faire ressortir, à contre-courant des velléités législatives actuelles, l'intérêt du caractère indéterminé de la notion de RIIPM. Néanmoins conscient des inconvénients que cela génère en termes de sécurité juridique, il propose, dans le prolongement des travaux de Simon Jolivet, un contrôle en trois temps des RIIPM en distinguant l'intérêt public, le caractère majeur et le caractère impératif.

Que l'on soit convaincu ou non par le cadre proposé, réaliser un tel travail de façon rigoureuse en proposant une argumentation d'une aussi grande clarté constitue un effort tout à fait remarquable qui méritait pleinement d'être ainsi distingué par le prix des éditions *L'Harmattan*.

Toulouse, le 27 septembre 2024.

LISTE DES ABBREVIATIONS

AGNU	Assemblée générale des Nations Unies
AJDA	*Actualité juridique du droit administratif*
AJCT	*Actualité juridique des collectivités territoriales*
BDEI	*Bulletin de droit de l'environnement industriel*
CAA	Cour administrative d'appel
Cass. Ass plén.	Cour de cassation, assemblée plénière
Cass. crim.	Cour de cassation, chambre criminelle
Cons. const.	Conseil constitutionnel
CE	Conseil d'Etat
CEDH	Cour européenne des droits de l'Homme
C. envir.	Code de l'environnement
CJA	Code de justice administrative
CJCE	Cour de justice des Communautés européennes
CJUE	Cour de justice de l'Union européenne
CSRPN	Conseil scientifique régional du patrimoine naturel
DREAL	Direction régionale de l'environnement, de l'aménagement et du logement
Dr. env.	*Droit de l'environnement*
DUP	Déclaration d'utilité publique
Elni	*Environmental law network international*
EEI	*Énergie-Environnement-Infrastructures*

GADE	Grands arrêts du droit de l'environnement
GAJA	Grands arrêts de la jurisprudence administrative
Gaz. Pal.	*Gazette du Palais*
IFJD	Institut Francophone pour la Justice et la Démocratie
JCP A	*La Semaine juridique – Administration et collectivités territoriales*
JOCE	Journal officiel des Communautés européennes
JOUE	Journal officiel de l'Union européenne
Lebon	Publié au recueil Lebon
RDP	*Revue du droit public et de la science politique en France et à l'étranger*
RFDA	*Revue française de droit administratif*
RIIPM	Raison impérative d'intérêt public majeur
RJE	*Revue juridique de l'environnement*
RLC	*Revue Lamy de la concurrence*
RMCUE	*Revue du Marché commun et de l'Union européenne*
RTD Civ.	*Revue trimestrielle de droit civil*
TD Eur.	*Revue trimestrielle de droit européen*
S.	*Recueil Sirey*
SSRN	*Social Science Research Network*
T. Lebon	Mentionné aux tables du recueil Lebon
TA	Tribunal administratif
TFUE	Traité sur le fonctionnement de l'Union européenne
TUE	Traité sur l'Union européenne

INTRODUCTION

1.« *Le droit établit des distinctions entre les catégories, fixe des hiérarchies entre les valeurs, impose des priorités : ce faisant, il lutte en permanence contre l'indifférenciation et la confusion* »[1]. Fixer des hiérarchies et imposer des priorités, c'est peut-être là tout le rôle que joue, au sein de la directive 92/43/CEE du 21 mai 1992 dite directive « Habitats »[2], la notion de raisons impératives d'intérêt public majeur (RIIPM), qui est un motif permettant de déroger à la protection des espèces protégées et de porter atteinte à un site Natura 2000, sous respect de certaines conditions.

2.Le principe de prévention - Les mécanismes de protection de la biodiversité relèvent d'une logique préventive, et peuvent être rattachés au principe de prévention, véritable « principe ancrage » du droit de l'environnement[3]. Que ce soit le statut des espèces protégées, les aires protégées ou encore le mécanisme de l'étude d'impact, ces règles tendent à prévenir les atteintes à la biodiversité. Du fait de cette logique préventive, la législation relative à la protection de la nature relève avant tout du mécanisme de la police administrative. En effet, la police administrative vise à prévenir les atteintes à l'ordre public et répond donc à une logique purement préventive. Il s'agit d'une police

---

[1] F. Ost, « La nature hors la loi. L'écologie à l'épreuve du droit », Paris, La Découverte, 2003, p. 20

[2] Directive 92/43/CEE du Conseil, 21 mai 1992, concernant la conservation des habitats naturels ainsi que de la faune et de la flore sauvages dite directive « Habitats » : JOUE n° L206, 22 juillet 1992, p. 7

[3] E. Naim-Gesbert, « Droit Général de l'environnement. Introduction au Droit de l'environnement », Lexis-Nexis (Objectif droit, Cours), 2019, 3e édition, p. 86

administrative spéciale, car contrairement à la police administrative générale, elle n'a pas pour but de maintenir l'ordre public matériel dans ses trois composantes classiques : la sécurité publique, la tranquillité publique et la salubrité publique[1]. Ici le but est de préserver l'intérêt général que constitue la protection de l'environnement, reconnu depuis la loi du 10 juillet 1976[2]. Etant donné qu'il s'agit de mesures de police, elles sont soumises au principe de proportionnalité[3], à la fois consacré en droit français[4] et en droit de l'Union européenne[5]. Ces dérogations sont là pour assurer une certaine proportionnalité, ou comme le dit la directive Habitats de 1992 : « *considérant que le but principal de la présente directive étant de favoriser le maintien de la biodiversité, tout en tenant compte des exigences économiques, sociales, culturelles et régionales, elle contribue à l'objectif général d'un développement durable ; que le maintien de cette biodiversité peut, dans certains cas, requérir le maintien, voire l'encouragement, d'activités humaines ;* ».

3.**La directive Habitats** - La raison impérative d'intérêt public majeur est issue de la directive 92/43/CEE du Conseil du 21 mai 1992 concernant la conservation des habitats naturels ainsi que de la faune et de la flore sauvages. L'objectif de cette directive était de compléter la protection déjà accordée à l'avifaune par la directive

---

[1] R. Chapus, « Droit Administratif Général Tome 1 », Montchrestien (Domat Droit public), 2001, 15e édition, p. 718

[2] Article 1 de la loi n°76-629 du 10 juillet 1976 relative à la protection de la nature

[3] R. Chapus, « Droit Administratif Général Tome 1 », Montchrestien (Domat Droit public), 2001, 15e édition, p. 728

[4] Depuis l'arrêt CE, 19 mai 1933, n°17417, Benjamin, Lebon ; S. 1934 I., note A. Mestre

[5] Article 5, paragraphe 4, Traité sur l'Union Européenne (TUE)

oiseaux de 1979[1] à tous les habitats et espèces menacées[2]. Cette directive, qui constitue un des textes de droit communautaire les plus importants en droit de l'environnement pose dans son premier considérant que « *la préservation, la protection et l'amélioration de la qualité de l'environnement, y compris la conservation des habitats naturels ainsi que de la faune et de la flore sauvages, constituent un objectif essentiel, d'intérêt général poursuivi par la Communauté* ». La directive est construite sur deux « *piliers* » : d'une part la protection des espaces avec la constitution d'un réseau d'aires protégées, le réseau Natura 2000, et d'autre part la protection des espèces. Cette directive, tant dans ses mesures que dans sa structure, s'inspire ouvertement de la Convention de Berne relative à la conservation de la vie sauvage et du milieu naturel de l'Europe, signée le 19 septembre 1979 et approuvée par le Conseil des communautés européennes par une décision 82/72/CEE du 3 décembre 1981[3]. Depuis cette date, il manquait une traduction en droit communautaire des dispositions de cette Convention, que vient réaliser la directive de 1992.

4. **Le réseau Natura 2000** - Les articles 3 à 11 de la directive concernent la conservation des habitats naturels et des habitats d'espèces. La directive met en place un « *réseau écologique européen cohérent de zones spéciales de conservation* », comprenant aussi les zones de protection

---

[1] Directive 79/409/CEE du Conseil, 2 avril 1979, concernant la conservation des oiseaux sauvages, JOCE, n° L 103, 25 avril 1979

[2] N. Sadeleer, « La directive 92/43/CEE concernant la conservation des habitats naturels ainsi que de la faune et de la flore sauvages : vers la reconnaissance d'un patrimoine naturel de la communauté européenne », *RMCUE*, 1993, p. 24

[3] Décision du Conseil 82/72/CEE, 3 décembre 1981 concernant la conclusion de la convention relative à la conservation de la vie sauvage et du milieu naturel de l'Europe, JOCE n° L 38, 10 février 1982

spéciale de la directive oiseaux de 1979, et formant le réseau Natura 2000. La nature juridique de ce texte de droit communautaire, une directive, implique selon le droit primaire qu'elle lie les Etats destinataires quant au résultat à atteindre, tout en laissant aux instances nationales la compétence quant à la forme et aux moyens[1]. Cependant, la directive fixe également un certain nombre d'obligations concernant la protection de ces sites à l'article 6. Selon l'article 6 §1, la gestion de ces zones doit faire l'objet de plans de gestion. Selon l'article 6 §3, « *tout plan ou projet non directement lié ou nécessaire à la gestion du site mais susceptible d'affecter ce site de manière significative (...) fait l'objet d'une évaluation appropriée de ses incidences sur le site eu égard aux objectifs de conservation du site* ». Cette activité ne peut être autorisée qu'après que les autorités nationales se soient assurées qu'elle ne portera pas atteinte à l'intégrité du site concerné. Cependant, l'article 6 §4 prévoit une possibilité de dérogation à cette interdiction d'autorisation en cas d'incidences négatives : « *si en dépit de conclusions négatives de l'évaluation des incidences sur le site et en l'absence de solutions alternatives, un plan ou projet doit néanmoins être réalité pour des raisons impératives d'intérêt public majeur, y compris de nature sociale ou économique, l'Etat membre prend toute mesure compensatoire nécessaire pour assurer que la cohérence globale de Natura 2000 est protégée* » (c'est nous qui soulignons). C'est la première fois dans le texte de la directive que l'on rencontre la notion de RIIPM, qui permet donc de déroger à l'interdiction d'atteintes à un site Natura 2000.

5. **La protection stricte des espèces** - Les articles 12 à 16 de la direction instituent un mécanisme de protection stricte

[1] Article 288 Traité sur le fonctionnement de l'Union européenne (TFUE)

des espèces et de manière incidente de leurs habitats en dehors des zones spéciales de conservation et des zones de protection spéciale[1]. Fonctionnant sur la base de listes en annexe de la directive, l'article 12 énonce une série d'interdictions concernant les espèces animales figurant à l'annexe IV. Sont notamment interdites toute forme de capture ou de mise à mort intentionnelle, de perturbation intentionnelle, de destruction ou de ramassage intentionnel des œufs, de détérioration ou de destruction des sites de reproduction ou des aires de repos. L'article 13 énonce la même série d'interdiction pour les espèces végétales protégées à l'annexe IV. Cependant, reprenant le modèle de l'article 9 de la directive Oiseaux de 1979, la directive met en place à l'article 16 une dérogation à cette protection intégrale. Cette dérogation peut être accordée par les autorités nationales à deux conditions : l'absence d'autre solution satisfaisante et l'absence de nuisance au maintien de l'espèce dans un état de conservation favorable, et pour une série de cinq motifs : « *a) dans l'intérêt de la protection de la faune et de la flore sauvages et de la conservation des habitats naturels ; b) pour prévenir des dommages importants notamment aux cultures, à l'élevage, aux forêts, aux pêcheries, aux eaux et à d'autres formes de propriété ; c) dans l'intérêt de la santé et de la sécurité publiques, ou pour d'autres raisons impératives d'intérêt public majeur, y compris de nature sociale ou économique, et pour des motifs qui comporteraient des conséquences bénéfiques primordiales pour l'environnement ; d) à des fins de recherche et d'éducation , de repeuplement et de réintroduction de ces espèces et pour des opérations de*

---

[1] H. Schoukens, K. Bastmeijer, « Species Protection in the European Union : How strict is strict ? » *in The Habitats Directive in its EU Environmental Law Context : European Nature's Best Hope ?*, Routledge, Abingdon, Oxford 2014, (SSRN Version)

reproduction nécessaires à ces fins, y compris la propagation artificielle des plantes ; e) pour permettre , dans des conditions strictement contrôlées, d'une manière sélective et dans une mesure limitée, la prise ou la détention d'un nombre limité et spécifié par les autorités nationales compétentes de certains spécimens des espèces figurant à l'annexe IV. ». Nous retrouvons pour la seconde fois dans la directive les raisons impératives d'intérêt public majeur, qui permettent donc de déroger à la protection des espèces. Dans les deux cas, protection des espaces et protection des espèces, cette notion permet d'outrepasser, de déroger à cette protection, pour des justifications notamment de nature sociale ou économique.

6. **La transposition en droit français** - La transposition de ces dispositions et donc l'introduction de la notion de RIIPM en droit français a pris un certain temps et s'est faite en plusieurs étapes. Si généralement, il est expliqué que l'intégration des dérogations à la protection des espèces pour des motifs socio-économiques en droit français date de la transposition de l'article 16 par la loi d'orientation agricole du 5 janvier 2006[1], cette forme de dérogation est en fait apparue plus tôt en droit français. Une première tentative infructueuse de transposition a été envisagée à l'article 36 *quater* du projet de loi relatif au renforcement de la protection de l'environnement. Cette disposition a été adoptée en première lecture par le Sénat en 1994, avant d'être retirée devant l'Assemblée nationale en raison de l'opposition des associations de protection de l'environnement[2]. Cet article 36 quater codifiait à l'article L. 211-2 4° du nouveau code rural, qui comprenait alors les

[1] Loi n°2006-11 du 5 janvier 2006 d'orientation agricole ; JORF n°5, 6 janvier 2006

[2] M. Prieur et al., « Droit de l'environnement », Paris, Dalloz, 2019, 8ème ed. (Précis, Droit public, Science politique), p. 441

dispositions relatives à la protection de la nature, une dérogation à la protection des espèces protégées, reprenant les deux conditions et les cinq motifs de la directive. Suite à cet échec, la mise en place de dérogations espèces protégées sur le modèle de la directive Habitats, et donc la possibilité de déroger pour des motifs socio-économiques a été introduite par la voie réglementaire, par plusieurs arrêtés du 16 et 20 décembre 2004[1]. En se fondant sur des bases légales assez discutables, comme l'a démontré Xavier Braud[2], ces arrêtés modifiant les listes d'espèces protégées ont introduit ces nouvelles formes de dérogation. C'est la première apparition de la notion de RIIPM en droit français. Ensuite, l'article 86 de la loi du 5 janvier 2006 est venu transposer en droit français, aux articles L. 411-1 et suivants du Code de l'environnement, les dispositions de la directive Habitats relatives aux espèces. Les dérogations espèces protégées sont codifiées à l'article L. 411-2 C. Envir. Ces dispositions ne se trouvaient pas à l'origine dans le projet de loi, et ont été introduites par un amendement 761 présenté par le rapporteur au Sénat, Gérard César, le 8 novembre 2005.

Concernant les raisons impératives d'intérêt public majeur permettant de porter atteinte à un site Natura 2000, les dispositions de la directive Habitats relatives au réseau Natura 2000 ont d'abord été transposées par une

---

[1] Voir notamment Arrêté du 16 décembre 2004 modifiant l'arrêté du 17 avril 1981 fixant les listes des mammifères protégés sur l'ensemble du territoire ; Arrêté du 16 décembre 2004 modifiant l'arrêté du 7 octobre 1992 fixant la liste des mollusques protégés sur le territoire métropolitain ; Arrêté du 16 décembre 2004 modifiant l'arrêté du 22 juillet 1993 fixant la liste des amphibiens et reptiles protégés sur l'ensemble du territoire

[2] X. Braud, « Le juge interne et la protection nationale des espèces », *in Pour un droit commun de l'environnement : Mélanges en l'honneur de Michel Prieur,* Paris, Dalloz, 2007, pp. 817-837

ordonnance du 11 avril 2001 relative à la transposition de directives communautaires dans le domaine de l'environnement[1]. La première version du texte mentionne « d'autres raisons impératives d'intérêt public » à l'article L. 414-4. L'adjectif « majeur » s'est perdu dans le processus de la transposition, et il faut attendre la loi du 1er août 2008 relative à la responsabilité environnementale[2] pour voir finalement l'expression de RIIPM transposée de manière complète, mot pour mot, en droit français.

Enfin, il existe une troisième mention des RIIPM, à l'article L. 427-6 du code de l'environnement, qui concerne les battues administratives. Le 4° de cet article précise que des opérations de destruction d'espèces non domestiques peuvent être effectuées pour d'autres raisons impératives d'intérêt public majeur. Cependant, alors que cette disposition a été introduite par la loi du 8 août 2016[3], cette occurrence des RIIPM n'a pas fait l'objet de contentieux et ne semble pas être un motif d'autorisation très utilisé. Notre étude ne se concentrera donc pas sur cette version des RIIPM.

7.**La notion de RIIPM** - Si nous parlons depuis le début de notion de raison impérative d'intérêt public majeur, il convient de voir comment cette expression de raisons impératives d'intérêt public majeur s'inscrit dans la distinction entre notions juridiques et concepts juridiques.

---

[1] Ordonnance n° 2001-321 du 11 avril 2001 relative à la transposition des directives communautaires et à la mise en oeuvre de certains dispositions du droit communautaire dans le domaine de l'environnement ; JORF n°0089 du 14 avril 2001

[2] Loi n°2008-757 du 1er août 2008 relative à la responsabilité environnementale et à diverses dispositions d'adaptation au droit communautaire dans le domaine de l'environnement ; JORF n°0179 du 1 août 2008

[3] Loi n°2016-1087 du 8 août 2016 pour la reconquête de la biodiversité, de la nature et des paysages ; JOFR n°0184 du 9 août 2016

Selon le professeur Xavier Bioy[1], la distinction entre les notions juridiques et les concepts juridiques se fait davantage sur le terrain de la connaissance que sur celui du réel connu. La notion serait le résultat, le fruit d'un processus de décantation, de rationalisation du réel alors que le concept serait quelque chose de « tout fait », de déjà là, un objet à priori de la pensée, ayant sa cohérence hors du réel. Il s'agit donc de deux rapports différents à la connaissance du réel. En reprenant la conception du doyen Gény selon laquelle le droit est un « donné » objectif fourni à l'observateur, il est possible de distinguer trois temps. La notion est perçue par l'observateur dans le droit positif, puis on pose une règle de droit à partir de la norme et enfin le concept clôt le processus pour ordonner les conceptions en elles-mêmes, indépendamment des circonstances concrètes dont elles sont issues[2]. Sur la base de cette distinction, les raisons impératives d'intérêt public majeur constituent clairement une notion juridique, en ce qu'elles sont observables et quantifiables dans le droit positif. En revanche, il est possible de les faire entrer dans un concept utile à la réflexion sur leur nature et leur fonction, que l'on verra plus tard, à savoir le concept d'intérêt public qualifié qui serait un intérêt public supérieur hiérarchiquement et plus exigeant que le simple intérêt général.

8. **Un contentieux nourri** - Les RIIPM s'invitent régulièrement dans l'actualité du droit de l'environnement du fait d'un contentieux très nourri concernant les dérogations de l'article L. 411-2 C. Envir. et des récentes tentatives pour le juguler. À partir de l'introduction de ces dérogations et notamment des raisons impératives d'intérêt

[1] X Bioy, « Notions et concepts en droit : interrogations sur l'intérêt d'une distinction » *in Les notions juridiques*, Economica (Séries Etudes juridiques), Vol. 1, 2009, pp. 21-50

[2] Ibid.

public majeur, la plupart des opérations d'aménagement se sont fondées sur ce motif dans leur dossier de demande de dérogation[1]. Ces dérogations, délivrées, sauf exceptions, par le préfet[2], sont très souvent contestées par des associations agrées de protection de l'environnement au titre de l'article L. 141-1 du code de l'environnement. Les affaires se présentent donc souvent sous la même configuration : il s'agit d'un recours pour excès de pouvoir dans lequel une association attaque l'arrêté préfectoral de dérogation à la protection des espèces délivré par le préfet de département pour le compte d'une personne privée. Comme le relève très justement Dorian Guinard concernant la contestation de la RIIPM devant le juge[3], il y a une création par l'affirmative de la RIIPM par les préfectures qui ont souvent recours à une interprétation excessive dans les faits, une construction par la négative de la RIIPM par les associations de citoyen qui contestent cette interprétation et au final, la création vient du juge, qui tranche le litige.

Le résultat notable de ce contentieux est qu'il donne lieu à un nombre très conséquent d'annulations, particulièrement au motif de l'absence de RIIPM justifiant la dérogation. Dans une analyse réalisée par Morgane Massol pour le compte de la DREAL Occitanie[4], qui se fonde sur 125

---

[1] X. Braud, « Opérations d'aménagement : le contrôle du juge sur la dérogation à la protection des espèces », *Dr. env.*, 2015 n°238, pp. 334-339

[2] R. 411-6 code de l'environnement

[3] D. Guinard, « La raison impérative d'intérêt public : nouvelles récentes d'une jeune notion en droit administratif » in *Droit et climat : interventions publiques locales et mobilisations citoyennes*, Paris, Dalloz, 2022 (Thèmes et commentaires) pp. 13-27

[4] M. Massol, « Les dérogations aux interdictions relatives aux espèces protégées. Analyse du contentieux », direction régionale de

décisions de justice rendues entre janvier 2010 et janvier 2020 concernant les recours pour excès de pouvoir contre les dérogations, 56% de ces arrêtés sont suspendus ou annulés, soit plus de la moitié, et surtout 79% des décisions de suspension ou d'annulation de ces dérogations sont dues à l'absence de raison impérative d'intérêt public majeur. Ce motif semble donc être le point nodal de la jurisprudence administrative sur les dérogations espèces protégées. Plusieurs contentieux ont donné lieu à des annulations au retentissement important. C'est notamment le cas de l'arrêt du Conseil d'Etat du 24 juillet 2019 relatif à la construction du centre commercial et de loisirs Val Tolosa[1], impliquant notamment la création de 1500 emplois, dont le juge du palais royal a estimé qu'il ne répondait pas à une raison impérative d'intérêt public majeur, rejetant ainsi le pourvoi.

Alors que ces dérogations ont intégré le code de l'environnement en 2006, le contentieux a mis un certain temps à se développer et à se « systématiser ». En effet, le Conseil d'Etat n'a eu à traiter de RIIPM pour la première fois qu'en 2013[2] mais il s'agissait d'un recours en cassation contre une ordonnance de référé, qui n'a été contrôlée que sous l'angle du contrôle résiduel de la dénaturation[3]. Le Conseil d'Etat, se contentant de reprendre la motivation de l'ordonnance initiale[4], a estimé qu'une raison impérative d'intérêt public majeur pouvait seulement relever d'un « *cas exceptionnel dont la réalisation se révèlerait*

---

l'environnement, de l'aménagement et du logement (DREAL) Occitanie, 25 février 2020

[1] CE, 24 juillet 2019, n°414353, Société PCE, T. Lebon ; *AJDA* 2020 p. 576, note C-M Alves

[2] CE, 9 octobre 2013, n°355803, SEM Nièvre Aménagement ; GADE pp. 255-263, Commentaire JM. Février

[3] A. de Prémorel, « Quel droit à la destruction des espèces protégées ? », *Gazette IDPA*, N°34, novembre 2018, 4

[4] Ordonnance TA Dijon, 27 février 2013, M. A, n°1300303

indispensable ». Il faudra attendre le recours en cassation de l'ordonnance de référé[1], puis d'un pourvoi au fond[2] dans le contentieux du centre commercial Val Tolosa pour que le Conseil d'Etat se prononce enfin sur l'interprétation de la notion.

9.**Un nouveau phénomène : la présomption** - Face à la variété des solutions dégagées par le juge du fond, le législateur semble vouloir cadrer de manière plus précise la notion dans certains domaines par le biais de présomptions. Pris dans le cadre des menaces pour la souveraineté énergétique de l'Union européenne créées par la guerre en Ukraine, a été adopté un règlement le 22 décembre 2022, premier jalon du plan « REPowerEU », dans le but d'accélérer le déploiement des énergies renouvelables[3]. Ce règlement d'urgence, valable pour une durée de 18 mois, et qui devrait à terme être remplacé par une directive[4], pose à son article 3 que « *sont présumés relever de l'intérêt public supérieur et de l'intérêt de la santé et de la sécurité publiques lors de la mise en balance des intérêts juridiques dans chaque cas, aux fins de l'article 6, paragraphe 4 et de l'article 16, paragraphe 1, point c), de la directive 92/43/CEE du Conseil, de l'article 4, paragraphe 7, de la directive 2000/60/CE du Parlement européen et du Conseil (6) et de l'article 9, paragraphe 1, point a), de la directive*

[1] CE, 25 mai 2018 n° 413267, Société PCE, T. Lebon ; *JCP A* 2018, act. 502

[2] CE, 24 juillet 2019, n°414353, Société PCE, *Op. cit.*

[3] Règlement (UE) 2022/2577 du Conseil du 22 décembre 2022 établissant un cadre en vue d'accélérer le déploiement des énergies renouvelables

[4] Com(2022) 222 final 2022/0160 (COD), Proposition de directive du Parlement européen et du conseil modifiant la directive (UE) 2018/2001 relative à la promotion de l'utilisation de l'énergie produite à partir de sources renouvelables, la directive 2010/31/UE sur la performance énergétique des bâtiments et la directive 2012/27/UE relative à l'efficacité énergétique

2009/147/CE du Parlement européen et du Conseil ». Ainsi, relèvent de ces présomptions les raisons impératives de la directive habitats. Le considérant 8 du règlement précise qu'il s'agit d'une présomption simple, qui peut donc être retournée devant le juge. Le but de la présomption est de favoriser les producteurs d'énergie renouvelable en inversant la charge de la preuve.

Alors que cette disposition est d'application directe, s'agissant d'un règlement[1], pour 18 mois, et que la directive pérennisant le dispositif n'avait pas encore été adoptée[2], la loi du 10 mars 2023 relative à l'accélération de la protection d'énergies renouvelables[3] insère dans le code de l'environnement un article L. 411-2-1, qui pose que « *sont réputés répondre à une raison impérative d'intérêt public majeur, au sens du c du 4° du I de l'article L. 411-2 du présent code, les projets d'installations de production d'énergies renouvelables ou de stockage d'énergie dans le système électrique satisfaisant aux conditions prévues à l'article L. 211-2-1 du code de l'énergie.* ». On remarque que cette présomption, qui s'étend à de nombreux cas d'intérêt supérieur en droit européen, n'a ici été reprise que pour la raison impérative de l'article L. 411-2, à savoir les dérogations espèces protégées.

Depuis, il semble que l'adoption de cette présomption en matière d'énergies renouvelables ait ouvert la boîte de Pandore, et nous retrouvons cette idée de présumer la raison

---

[1] Article 288 TFUE

[2] Directive 2023/2413 du Parlement et du Conseil du 18 octobre 2023 modifiant la directive (UE) 2018/2001, le règlement (UE) 2018/1999 et la directive 98/70/CE en ce qui concerne la promotion de l'énergie produite à partir de sources renouvelables, et abrogeant la directive (UE) 2015/652 du Conseil

[3] Loi n°2023-175 du 10 mars 2023 relative à l'accélération de la production d'énergies renouvelables, JORF n°0060 du 11 mars 2023

impérative de l'article L. 411-2 dans différents projets de loi, ce qui pourrait tendre, à terme, à neutraliser la notion si ces projets étaient adoptés en l'état vu la variété des champs couverts. Ainsi, la loi d'accélération des procédures pour de nouvelles installations nucléaires[1] pose à son article 12 que la réalisation d'un réacteur électronucléaire répondant aux conditions définies par décret en Conseil d'Etat est constitutive d'une raison impérative d'intérêt public majeur au sens de l'article L. 411-2. La loi relative à l'Industrie verte[2] adoptée le 23 octobre 2023 a ajouté un article L. 122-1-1 au code de l'expropriation selon lequel la déclaration d'utilité publique d'une opération d'implantation d'industries vertes vaut reconnaissance d'une raison impérative d'intérêt public majeur. L'article opère au niveau contentieux la divisibilité du critère de la raison impérative du reste de la dérogation espèces protégées. La reconnaissance de RIIPM opérée au moment de la déclaration d'utilité publique, ne peut être contestée qu'à l'occasion d'un recours contre cette DUP, et non lors du recours dirigé contre l'acte accordant la dérogation au sens de l'article L. 411-2.

10.RIIPM et utilité publique - Ce rapprochement que tente de faire le législateur dans le cadre de l'industrie verte entre utilité publique et RIIPM n'est pas nouveau, et a déjà été envisagé par le juge administratif. Selon l'article L. 1 du code de l'expropriation pour cause d'utilité publique : « *l'expropriation, en tout ou partie, d'immeubles ou de droits réels immobiliers ne peut être prononcée qu'à la condition qu'elle réponde à une utilité publique*

[1] Loi n°2023-491 du 22 juin 2023 relative à l'accélération des procédures liées à la construction de nouvelles installations nucléaires à proximité de sites nucléaires existants et au fonctionnement des installations existantes ; JORF n°0144, 23 juin 2023

[2] Loi n°2023-973 du 23 octobre 2023 relative à l'Industrie verte ; JORF n°0247 du 24 octobre 2023

préalablement et formellement constatée à la suite d'une enquête et qu'il ait été procédé, contradictoirement, à la détermination des parcelles à exproprier ainsi qu'à la recherche des propriétaires, des titulaires de droits réels et des autres personnes intéressées ». Ce système de l'expropriation pour cause d'utilité publique est né sous la Révolution française et est inscrit à l'article 17 de la Déclaration des droits de l'Homme et du citoyen de 1789. Suite à cette consécration, comme le montre le professeur J-F Couzinet[1], tout au long du XIXème siècle et dans la première moitié du XXème siècle, le législateur puis la jurisprudence n'ont cessé d'étendre le champ des opérations qualifiées d'utilité publique. « *A l'occasion des recours pour excès de pouvoir dirigés contre les actes déclaratifs d'utilité publique, le juge administratif a considéré l'expropriation comme licite à chaque fois que l'opération projetée présente un intérêt général* »[2]. Cependant, à partir des années 1950-1960, on assiste à un resserrement jurisprudentiel de l'appréciation du juge du fait de « *la volonté du Conseil d'Etat de vérifier précisément les raisons exactes - motifs ou mêmes mobiles - qui ont conduit l'administration à recourir à l'expropriation* »[3].

Finalement, le principal changement fut un changement de technique juridique. Par son arrêt *Ville Nouvelle-Est*[4], sous

---

[1] J-F. Couzinet, « De la nécessité publique à l'utilité publique : les évolutions du fait justificatif de l'expropriation » in *Propriété & Révolutions : Actes du Colloque de Toulouse*, Toulouse, Editions CNRS, 1990, p. 199

[2] *Ibid.*, p. 200

[3] *Ibid.*, p. 202

[4] CE, Ass., 28 mai 1971, n°78825, Ministre de l'équipement et du logement c. Fédération de défense des personnes concernées par le projet actuellement dénommé « Ville nouvelle Est », Lebon ; RDP 1972 p. 154, note Waline

l'impulsion des conclusions de son commissaire du gouvernement Guy Braibant, le Conseil d'Etat passe d'un contrôle *in abstracto* à un contrôle *in concreto* de l'utilité publique avec la technique du bilan coût-avantage. Le juge pose « *qu'une opération ne peut être légalement déclarée d'utilité publique que si les atteintes à la propriété privée, le coût financier et éventuellement les inconvénients d'ordre social qu'elle comporte ne sont pas excessifs eu égard à l'intérêt qu'elle présente* ». Dans ces inconvénients d'ordre social, selon Guy Braibant, il faut notamment entendre le coût environnemental que représente l'opération : « *à un moment où il est beaucoup question, et à juste titre, d'environnement et de cadre de vie, il faut éviter que des projets par ailleurs utiles, viennent aggraver la pollution ou détruire une partie du patrimoine naturel et culturel du pays [...]. Il importe que dans chaque cas, le pour et le contre soient posés avec soin et que l'utilité publique de l'opération ne masque pas son éventuelle nocivité publique* »[1]. Plus de 50 ans après, une partie de la doctrine est relativement critique à l'égard de cette technique du bilan coût-avantage[2], n'ayant conduit qu'à très peu d'annulations, particulièrement d'un point de vue des inconvénients environnementaux des opérations.

Concernant l'appréciation des RIIPM, la jurisprudence administrative s'est scindée en deux techniques d'appréciation, une appréciation plus absolue et une appréciation plus relative. Dans les deux cas, il s'agit d'un contrôle *in concreto*. Bien que le juge administratif ne semble pas faire de différence entre les raisons impératives

---

[1] G. Braibant, concl. sous CE, Ass., 28 mai 1971, Ville nouvelle Est

[2] Voir notamment M. Frayssinet, « La théorie du bilan à l'épreuve du droit de l'environnement », *RJE* 2021/2, Vol. 46, pp. 283-289

de l'article L. 414-4 et de l'article L. 411-2[1], la question de l'interprétation de la notion s'est concentrée sur les dérogations espèces protégées, qui représentent la quasi-totalité du contentieux. L'appréciation absolue est plutôt celle que semble développer le Conseil d'Etat à partir de l'arrêt CE, 9 octobre 2013, SEM Nièvre Aménagement, puis dans l'arrêt *Société PCE*, qui consiste à apprécier si la nature et les caractéristiques du projet, en tant que telles, répondent à une raison impérative d'intérêt public majeur. À l'opposée, l'appréciation relative est issue d'un arrêt de la Cour administrative d'appel de Douai du 15 octobre 2015[2] et s'inspire du bilan coût avantage. La Cour considère « *qu'il ne saurait être exclu que des travaux destinés à l'implantation ou à l'extension d'entreprises soient regardés comme une raison impérative d'intérêt public majeur d'accorder la dérogation prévue à l'article L. 411-2 du code de l'environnement lorsque le projet, bien que de nature privée, présente réellement, à la fois par sa nature et par le contexte économique et social dans lequel il s'insère, un intérêt public majeur, qui doit pouvoir être mis en balance avec l'objectif de conservation des habitats naturels et de la faune sauvage, poursuivis par la directive* ». Cet arrêt se veut avant tout être une transposition de la jurisprudence de la CJUE. En effet, si la CJUE ne s'est jamais prononcée sur la manière dont devaient être interprétées les RIIPM de l'article 16, elle s'est prononcée sur l'interprétation des RIIPM de l'article 6 paragraphe 4, dans l'arrêt CJUE, 16 février 2012, Marie-Noëlle Solvay[3]. Dans cet arrêt elle estime que « *l'intérêt de nature à justifier, au sens de*

---

[1] Voir notamment les conclusions de Jean-Michel Riou sous CAA de Douai, 15 octobre 2015, 14DA02064, Ministère chargé de l'écologie c/ Association « Écologie pour Le Havre »

[2] CAA Douai, 15 octobre 2015, 14DA02064, Ministère chargé de l'écologie c/ Association « Écologie pour Le Havre »

[3] CJUE, 16 février 2012, C-182/10, Marie-Noëlle Solvay e. a. c/ Région Wallone

l'article 6, paragraphe 5, de la directive Habitats, la réalisation d'un plan ou d'un projet doit être à la fois « public » et « majeur », ce qui implique qu'il soit d'une importance telle qu'il puisse être mis en balance avec l'objectif de conservation des habitats naturels, de la faune et de la flore sauvage poursuivi par la directive ». Mais au-delà d'une application aux espèces protégées de cette jurisprudence sur les sites Natura 2000, la CAA de Douai, suivant les conclusions de son rapporteur public Jean-Michel Riou, applique un véritable bilan coût avantage. Ce dernier estime dans ses conclusions[1] que les deux plateaux de la balance sont d'un côté l'intérêt du projet et de l'autre, l'atteinte aux espèces protégées, ce qui signifie qu'un intérêt faible pourra être admis en cas d'atteinte faible.

Le choix entre ces deux appréciations est déterminant car il implique un caractère plus ou moins contraignant de la notion et donc plus ou moins protecteur des intérêts environnementaux. Il est certain que l'appréciation absolue est plus limitative que l'appréciation relative, qui permet d'admettre qu'un champ plus vaste de projets réponde à des RIIPM, rapprochant de fait l'appréciation des RIIPM de l'appréciation de l'utilité publique. Cependant, la CJUE a été claire sur le fait que cette notion devait faire l'objet d'une interprétation stricte[2].

11.**La position du Conseil d'Etat** - Le Conseil d'Etat a tranché la question de ces deux voies d'appréciation, mais la solution dégagée n'a pas le mérite de la clarté. Dans un arrêt de principe CE, 3 juin 2020, Société La Provençale[3],

---

[1] Conclusions Jean-Michel Riou sous CAA de Douai, 15 octobre 2015, Écologie pour Le Havre *Op. cit.*

[2] V. notamment CJCE, 26 octobre 2006, C-239/04, Commission c/ Portugal

[3] CE, 3 juin 2020, n°425395, Société La Provençale, T. Lebon ; *JCP A*, 2020, n°35, pp. 34-36, note R. Radiguet

le juge administratif consacre l'idée que « *la réalisation d'un projet doit être d'une importance telle qu'il puisse être mis en balance avec l'objectif de conservation des habitats naturels, de la faune et de la flore sauvage poursuivi par la législation, justifiant ainsi qu'il y soit dérogé* ». À première vue, le Conseil d'Etat semble trancher en faveur de l'appréciation relative dégagée antérieurement par la CAA de Douai. Pourtant, en suivant, le juge du Palais Royal précise que « *ce n'est qu'en présence d'un tel intérêt que les atteintes portées par le projet en cause aux espèces protégées sont prises en considération* ». En supprimant un des plateaux de la balance, cela ne peut avoir pour effet que de supprimer la balance. La reprise de l'expression de « *mise en balance* » est donc paradoxale.

12. Autonomie des RIIPM – S'interroger sur l'autonomie des raisons impératives d'intérêt public majeur peut recouvrir plusieurs interrogations. Classiquement, la doctrine s'est interrogée sur l'autonomie des RIIPM vis-à-vis des autres critères de dérogations espèces protégées. Cette question ne fait plus véritablement débat aujourd'hui. Dans l'arrêt *SEM Nièvre Aménagement*[1], le Conseil d'Etat a estimé que les trois critères d'obtention des dérogations étaient cumulatifs. Dans cette étude, nous entendrons le concept d'autonomie des RIIPM comme étant une autonomie interprétative, à savoir la capacité de la notion à disposer d'une interprétation propre, notamment distincte de l'appréciation de l'utilité publique.

13. Ainsi, malgré l'utilisation de l'expression de « mise en balance » par le juge administratif, en quoi la notion la notion de raisons impératives d'intérêt public majeur de l'article L. 411-2 du code de l'environnement, issue de l'article 16 de la directive Habitats est une notion autonome,

---

[1] CE, 9 octobre 2013, n°366803, SEM Nièvre Aménagement

à la fois de la technique du bilan coût avantage, et au-delà, autonome de l'appréciation faite des raisons impératives d'intérêt public majeur présente à l'article 6, paragraphe 4 de la directive ?

Les raisons impératives d'intérêt public majeur de l'article L. 411-2 sont une notion autonome par rapport à la technique du bilan coût-avantage issue de la jurisprudence *Ville Nouvelle-Est*. En effet, si le juge utilise l'expression de mise en balance dans son contrôle, il ne fait pas réellement un bilan entre les avantages du projet et ses inconvénients environnementaux, notamment en matière d'atteintes aux espèces. Ici, le contrôle confine moins à l'équilibre, comme s'il s'agissait d'une balance à un seul plateau (perdant donc la logique même de la balance), où le juge essaie de comparer le poids constaté du projet avec l'idée qu'il se fait du poids suffisant pour admettre une atteinte aux espèces protégées. De plus, la mise en balance des intérêts est issue de la jurisprudence de la CJUE relative à l'article 6 paragraphe 4 de la directive, concernant les sites Natura 2000, dont l'admission des atteintes fonctionne de manière différente de celle des atteintes aux espèces dans la directive, qui exige donc une interprétation différente. De là doit émerger une nouvelle grille de lecture de la notion de raisons impératives d'intérêt public majeur prenant en compte ces divers degrés d'autonomie, en reconnaissant clairement sa nature de standard juridique qui implique un caractère adaptatif et un usage avant tout prétorien de la notion, afin de permettre une harmonisation de l'interprétation faite par les juridictions administratives.

14. Dans un premier temps, il conviendra donc de voir l'autonomie des raisons impératives d'intérêt public majeur de l'article L. 411-2 en droit administratif français (**Partie 1**). Ensuite, il conviendra de voir l'autonomie de ces raisons impératives, issues de l'article 16 de la directive Habitats, en droit de l'Union européenne (**Partie 2**). Enfin, il conviendra de voir en quoi cette notion est en fait un standard juridique et quelles méthodes interprétatives seraient le plus adaptées à une interprétation stricte et harmonisée répondant à la logique de la directive Habitats (**Partie 3**).

PARTIE I : L'AUTONOMIE DE LA NOTION EN DROIT ADMINISTRATIF

15. Examiner l'autonomie des raisons impératives d'intérêt public majeur en droit administratif français revient à voir en quoi le contrôle de ce motif de dérogation à la protection des espèces à l'article L. 411-2 4° c) par le juge administratif français se distingue du contrôle de l'utilité publique. Cette autonomie comprend deux aspects. D'une part, il s'agit d'une autonomie de nature entre les RIIPM et l'utilité publique, dans le concept même de ces deux notions. D'autre part il s'agit d'une autonomie dans la technique juridique, dans la manière dont le juge administratif examine les deux notions. À chaque fois, cette différence de nature et de technique, qui tend à affirmer l'autonomie de la notion de RIIPM se fait sur le terrain du degré d'exigence, à savoir que les raisons impératives sont plus exigeantes que l'utilité publique, à la fois dans leur nature et dans le contrôle qu'en fait le juge administratif. Ainsi, il faut voir dans un premier temps en quoi la notion de RIIPM se distingue de la notion d'utilité publique (**Chapitre 1**). Conséquemment, il faut voir dans un second temps comment la méthode d'appréciation des RIIPM par le juge administratif a évolué pour se distinguer de la méthode du bilan coût-avantage dégagée par la jurisprudence *Ville Nouvelle-Est* (**Chapitre 2**).

Chapitre 1 : Un intérêt public qualifié plus exigeant que l'utilité publique

16.L'examen de la différence de nature entre les notions de RIIPM et d'utilité publique, dans leur signification et dans leur degré d'exigence, tend à refuser une assimilation entre les deux notions et à affirmer une autonomie des raisons impératives de l'article L. 411-2 du code de l'environnement par rapport à l'utilité publique. Tandis que l'utilité publique se rapproche de la notion très large qu'est l'intérêt général, et constitue un intérêt public « calibré » à un projet, tandis que les RIIPM à l'opposé constituent un intérêt public qualifié, supérieur et plus exigeant que l'intérêt général et l'utilité publique. Ainsi d'une part, dans le concept même qui sous-tend ces deux notions, les RIIPM se distinguent de l'utilité publique (**Section 1**). D'autre part, un panorama général de la jurisprudence concernant les dérogations espèces protégées confirme ce caractère beaucoup plus restrictif et exigeant des RIIPM, en comparaison avec l'utilité publique (**Section 2**).

Section 1. Une diversité des intérêts publics

17. Les RIIPM et l'utilité publique renvoient à la même notion globalisante qu'est l'intérêt général. Pour autant, il est possible de distinguer un nombre important de variantes plus exigeantes de l'intérêt général (§1), permettant d'établir une hiérarchie entre ces divers intérêts publics (§2).

§1 : Une pluralité d'intérêts publics dits « qualifiés »

18. Place de l'intérêt général – Comme l'affirme la professeure Maryse Deguergue, *« l'intérêt général peut toujours être comparé à l'arc-boutant de la cathédrale du droit administratif »*[1]. Dans une étude réalisée pour le rapport annuel du Conseil d'Etat[2], le professeur Didier Truchet rappelle que l'intérêt général peut être considéré comme la cause première du droit administratif, qui fonde l'action de l'administration, et qui constitue donc une norme première de contrôle pour les juridictions administratives. Il décompose le triple rôle que le Conseil d'Etat fait jouer à l'intérêt général : une norme de mesure des pouvoirs des autorités dont il contrôle les appréciations[3], une norme de contrôle de l'appréciation des choix de l'administration ou de la distinction de la légalité et de l'opportunité[4] et enfin une norme de raison, permettant de faire évoluer le droit de manière raisonnable aux yeux du juge, notamment pour répondre aux attentes qu'il croit percevoir dans l'opinion publique[5]. En raison de ce triple rôle, l'intérêt général occupe une place centrale, encore aujourd'hui, dans la jurisprudence administrative. Cependant, l'usage qui est fait de l'intérêt général par le juge administratif tend à le rendre particulièrement élastique, perméable et finalement, extrêmement peu

---

[1] M. Deguergue, « *intérêt général et intérêt public : tentative de distinction* » in *L'intérêt général : mélanges en l'honneur de D. Truchet*, Paris, Dalloz, 2015, p. 133

[2] D. Truchet, « *L'intérêt général dans la jurisprudence du Conseil d'Etat : retour aux sources et équilibre* » in Conseil d'Etat, Rapport public 1999, Paris, La documentation française, EDCE n°50, p. 362

[3] *Ibid.*, p. 363

[4] *Ibid.*, p. 366

[5] *Ibid.*, p. 370

exigeant. Par exemple comme le note la professeure Maryse Deguergue[1], dans un arrêt *Département du Bas-Rhin*[2], le Conseil d'Etat a considéré que des motifs d'intérêt général de fluidité du trafic et de rationalisation de l'exploitation d'une autoroute peuvent justifier la légalité d'un tarif forfaitaire d'un péage autoroutier sur une faible distance.

19.L'émergence d'intérêts publics qualifiés – Face à cette souplesse croissante, on observe un mouvement parallèle d'émergence d'intérêts publics qualifiés, consacrés par le juge ou le législateur. Ces intérêts qualifiés, plus exigeants que l'intérêt général, connaissent un développement important à compter du début du XXIème siècle selon la professeure Pascale Deumier[3]. Il est possible de tracer un lien entre la souplesse croissante de l'intérêt général et l'émergence de ces intérêts qualifiés plus exigeants, pour répondre à des situations nécessitant une appréciation plus restrictive et donc un critère moins facilement atteignable que ne peut l'être l'intérêt général. C'est la logique qui ressort des différents cas d'intérêt public qualifié que l'on peut rencontrer, avec un nombre particulier d'occurrences en droit de l'environnement.

20.L'intérêt général qualifié en droit français – Si jusqu'à la fin du XXème siècle, les cas d'intérêts publics qualifiés en droit français étaient relativement faibles, ces derniers se sont multipliés depuis[4]. Un des premiers, cas, qui a conduit Didier Truchet à forger cette expression d' « *intérêt*

---

[1] M. Deguergue, « intérêt général et intérêt public : tentative de distinction » *in L'intérêt général. Mélanges en l'honneur de Didier Truchet*, Paris, Dalloz, 2015, p. 13

[2] CE, 5 mars 2014, n°367233, Département du Bas-Rhin, T. Lebon ; AJDA 2014 p. 537, note M-C. de Montecler

[3] P. Deumier, « L'intérêt général « impérieux » et les conflits de normes », *in L'intérêt général. Mélanges en l'honneur de Didier Truchet*, Paris, Dalloz, 2015, pp. 159

[4] *Ibid.*

qualifié » dans sa thèse vient de l'arrêt *Chiaretta*[1]. En l'espèce le préfet de police du département de la Seine avait prononcé une interdiction générale de la publicité par projection lumineuse dans le ciel. Le Conseil d'Etat a considéré qu'une telle mesure, sans procéder à un examen particulier des circonstances de fait et de lieu, ne pouvait légalement être prise qu'à la condition de trouver sa justification dans un « motif impérieux d'intérêt général ». En 1977, Didier Truchet explique que « *cette hypothèse se rencontre fort peu, et ne paraît pas pouvoir être systématisée* »[2]. Pourtant depuis, l'usage de ces intérêts qualifiés s'est multiplié. Par exemple, selon la cour de cassation, l'identification des communications des journalistes afin de trouver les auteurs de la violation du secret de l'instruction ne peut être admise que pour un « *impératif prépondérant d'intérêt public* »[3]. Surtout, Pascale Deumier identifie l'émergence de ce qu'elle désigne comme « *l'intérêt général impérieux* » avec la question de l'application rétroactive de la loi. En effet, dans le contrôle des atteintes aux droits des justiciables du fait de la rétroactivité de la loi, la Cour européenne des droits de l'Homme (CEDH) dans son arrêt Zielenski[4], axe son contrôle sur un impérieux motif d'intérêt général, qui sera repris par la Cour de cassation dans les mêmes termes[5] et par le Conseil constitutionnel comme l'exigence d'un « *but d'intérêt général suffisant* »[6]. Pour Pascale Deumier,

---

[1] CE, 15 décembre 1961, Sieur Chiaretta

[2] D. Truchet, « Les fonctions de la notion d'intérêt général dans la jurisprudence du Conseil d'Etat », Paris, L.G.D.J. (Thèses), 1977, p. 150

[3] Cass, crim, 14 mai 2013, n°11-86.626

[4] CEDH, 28 octobre 1999, Zielinski et Pradal et Gonzalez et autres c. France ; *RTD civ.* 2000, 436 obs. J.-P. Marguénaud

[5] Cass, Ass plén., 24 janvier 2003, 01-41.757 ; *RFDA* 2003, 470 note B. Mathieu

[6] Cons. const., décision n°99-425 DC du 29 décembre 1999

« l'idée se retrouve dans diverses utilisations que les principes de conflits de normes doivent céder pour permettre la réalisation des politiques juridiques les plus importantes aux yeux du législateur. Or l'importance structurante de ces principes pour le système justifie qu'un intérêt général « simple » ne puisse y suffire »[1]. Cette logique générale concernant le principe de non-rétroactivité de la loi se retrouve finalement dans tous les intérêts dits qualifiés, notamment en matière environnementale.

21. L'intérêt général qualifié en droit de l'environnement – Cette exigence d'un intérêt public qualifié se retrouve dans plusieurs dispositifs dérogatoires en droit de l'environnement. Le fait qu'un intérêt général simple ne suffise pas pour déroger à une mesure de protection environnementale est intéressant car cela traduit l'importance qui est accordée à ces dispositifs à la protection de l'environnement et le caractère strict des dérogations à cette protection. Ainsi, si pour déroger à la protection des espèces dans la directive Habitats, il est nécessaire que le projet envisagé réponde à une RIIPM, cela signifie qu'un motif d'intérêt général ordinaire, banal, ne suffit pas à admettre qu'on déroge à la protection des espèces. En droit international de l'environnement, deux traités contiennent des dispositions identifiables comme des intérêts qualifiés qui, comme nous le verrons plus loin, ont largement inspiré la notion de raisons impératives d'intérêt public majeur dans la directive de 1992. D'une part, la Convention de Ramsar de 1971 relative aux zones humides d'importance internationale prévoit à son article 2 alinéa 5 que toute Partie peut retirer de la liste des zones humides d'importance internationale ou de réduire l'étendue des zones déjà inscrites, certaines parties de son territoire pour

---

[1] P. Deumier, « L'intérêt général « impérieux » et les conflits de normes » *Op. cit.* p. 167

des « *raisons pressantes d'intérêt national* ». D'autre part, la Convention de Berne de 1979 relative à la conservation de la vie sauvage et du milieu naturel de l'Europe, prévoit à son article 9, qui pose la structure des dérogations à la protection des espèces telle que consacrées à l'article 16 de la directive Habitats, qu'il peut notamment être dérogé à la protection « *dans l'intérêt de la santé et de la sécurité publiques, de la sécurité aérienne, ou d'autres intérêts publics prioritaires* ». Enfin, d'autres textes environnementaux de l'Union européenne utilisent également, à l'instar de la directive Habitats, un intérêt qualifié. C'est le cas de la Directive cadre sur l'eau de 2000[1] dont le but est le maintien et l'amélioration de l'environnement aquatique de l'Union européenne, subordonnant les Etats-membres à des objectifs de bonne qualité écologique des eaux. Le considérant 32 pose que « *il peut exister des raisons de déroger à l'exigence de prévenir toute dégradation supplémentaire de l'état des eaux ou de parvenir à un bon état dans des conditions spécifiques, si le non-respect de cette exigence résulte de circonstances imprévues ou exceptionnelles, en particulier d'inondations ou de sécheresse, ou, en raison d'un intérêt public supérieur* ». Ainsi, on le voit bien, le droit de l'environnement n'est pas étranger à l'usage d'intérêts qualifiés pour encadrer strictement leurs dispositions dérogatoires. On peut faire l'hypothèse que leur présence traduit une volonté d'équilibre de la part des rédacteurs de ces dispositions. D'un côté, ces textes prévoient un aménagement pour préserver la possibilité d'un développement économique malgré les mesures de protection mais d'un autre côté, ces dispositifs dérogatoires

---

[1] Directive 2000/60/CE du Parlement européen et du Conseil du 23 octobre 2000 établissant un cadre pour une politique communautaire dans le domaine de l'eau, JOCE n°L327, 22 décembre 2000, p. 1

sont strictement encadrés et ne cèdent pas devant tous les intérêts.

22.**Le cas particulier de l'utilité publique** – Il convient de distinguer l'utilité publique de ces intérêts qualifiés. En effet, l'utilité publique n'est pas un intérêt général supérieur, mais plutôt un intérêt public « *calibré* » à un projet dans le cadre de la procédure d'expropriation pour cause d'utilité publique[1]. Le Conseil d'Etat a posé la méthode globale d'appréciation de l'utilité publique dans un arrêt de 2012, *Commune de Levallois Perret*[2] qui dispose « *qu'il appartient au juge, lorsqu'il doit se prononcer sur le caractère d'utilité publique d'une opération nécessitant l'expropriation d'immeubles ou de droits réels immobiliers, de contrôler successivement qu'elle répond à une finalité d'intérêt général, que l'expropriant n'était pas en mesure de réaliser l'opération dans des conditions équivalentes sans recourir à l'expropriation, notamment en utilisant des biens se trouvant dans son patrimoine et, enfin, que les atteintes à la propriété privée, le coût financier et, le cas échéant, les inconvénients d'ordre social ou économique que comporte l'opération ne sont pas excessifs eu égard à l'intérêt qu'elle présente* ». Derrière l'expropriation pour cause d'utilité publique se trouve donc d'abord un intérêt général, classique, qui préside à la détermination plus globale de l'utilité publique. L'identification de cet intérêt général relève soit du législateur, soit de la jurisprudence[3]. Le juge va ensuite contrôler si cette opération est nécessaire en réalisant un contrôle des « *conditions équivalentes* », c'est-à-dire en contrôlant si l'opération aurait pu être menée par

---

[1] F. Tarlet, « Droit Administratif des Biens », Paris, Dalloz (Hypercours), 2022, p. 628

[2] CE, 19 octobre 2012, n°343070, Commune de Levallois-Perret, Lebon ; *AJDA* 2012 p. 1982

[3] F. Tarlet, « Droit Administratif des Biens », Paris, Dalloz, (Hypercours), 2022, 1ère édition, p. 620

l'expropriant sur des terrains vacants dont il est déjà propriétaire[1]. Enfin, la troisième étape du va consister à contrôler si l'opération est bien calibrée au projet, en utilisant la méthode du bilan coût-avantage dégagée dans la jurisprudence *Ville Nouvelle-Est*[2]. Contrairement à l'intérêt qualifié, où un simple motif d'intérêt général ne suffit pas à franchir le seuil, ici, une expropriation pour cause d'utilité publique repose sur un simple motif d'intérêt général. Seulement, le juge va contrôler que l'opération est bien nécessaire et calibrée, vis-à-vis du but d'intérêt général poursuivi. Le niveau d'exigence n'est donc pas le même entre la reconnaissance d'un intérêt qualifié et la reconnaissance d'une cause d'utilité publique. Ces différents degrés d'exigence sont parfaitement visibles dans la jurisprudence administrative qui n'assimile pas utilité publique et raisons impératives d'intérêt public majeur.

§2 : L'absence d'assimilation des opérations déclarées d'utilité publique avec une raison impérative d'intérêt public majeur

23. **Une appréciation très large de l'utilité publique** – La différence de seuil à franchir entre utilité publique et raisons impératives d'intérêt public majeur peut s'apprécier en comparant la variété des projets reconnus comme répondant à une raison impérative avec la variété des projets reconnus comme étant d'utilité publique. En effet, si le professeur Jean-François Couzinet[3] identifiait dans les années 1950-1960 un mouvement de resserrement de la jurisprudence, auquel participait la jurisprudence *Ville Nouvelle-Est*, 50

[1] *Ibid.*, p. 627

[2] *Ibid.*, p. 628

[3] Jean-François Couzinet, « De la nécessité publique à l'utilité publique : les évolutions du fait justificatif de l'expropriation » *Op. cit.*

ans après, il ne semble pas que ce mouvement ait véritablement conduit à une appréciation plus restrictive des déclarations d'utilité publique. Le Conseil d'Etat a admis que l'intérêt général est compatible avec l'intérêt financier des personnes publiques d'une part et avec les intérêts privés d'autre part. Concernant la compatibilité de l'intérêt général avec l'intérêt financier des personnes publiques, le Conseil d'Etat a pu reconnaitre en 1989 concernant la réalisation du parc Astérix[1] que sa très forte connotation financière n'enlève pas au projet son objectif de contribution au développement du territoire. Ainsi, le développement économique est considéré par le juge comme une composante de l'intérêt général. Concernant la compatibilité de l'intérêt général avec des intérêts privés, la même année que l'arrêt *Ville Nouvelle-Est*, le Conseil d'Etat a admis dans son arrêt *Ville de Sochaux*[2] qu'une opération d'expropriation procurant un avantage direct et certain à une société privée ne constituait pas un détournement de pouvoir étant donné que cette opération satisfaisait à la fois cet intérêt privé et un intérêt général. En l'espèce il s'agissait de la réalisation d'un contournement routier permettant à la fois d'accéder aux usines de la société Automobiles Peugeot et de satisfaire les besoins de la circulation. Cependant, le juge administratif a posé certaines limites, la principale étant qu'une expropriation dont le but serait la satisfaction d'un intérêt purement privé sera jugée illégale[3]. L'utilité publique embrasse donc largement les contours de l'intérêt général.

24. Une appréciation des RIIPM beaucoup plus restrictive – Si l'interprétation des raisons impératives d'intérêt public

[1] CE, 21 juillet 1989, n°90625, 91531, Association de défense contre Astérix-land (A.D.C.A.), T. Lebon

[2] CE, 20 juillet 1971, n°80804, Ville de Sochaux, Lebon

[3] CE, 4 mars 1964, n°58576, Dame Veuve Borderie, Lebon

majeur de l'article L. 411-2 relève largement de la casuistique et de l'appréciation qu'en font les juridictions, sans méthode réellement harmonisée, nous pouvons clairement relever que cette notion fait l'objet d'une interprétation stricte. Il suffit de reprendre l'étude de la DREAL Occitanie[1] sur le contentieux des dérogations espèces protégées, à jour jusqu'en 2020, selon laquelle 56% des dérogations ont été annulées ou suspendues. Si on rassemble les annulations sur la forme et sur le fond, 64% de ces annulations ou suspensions portent sur une absence de raison impérative d'intérêt public majeur. Pourtant, la Cour de justice de l'union européenne, dans son arrêt Solvay[2], a indiqué concernant les RIIPM de l'article 6 paragraphe 4 relatifs aux incidences négatives sur les sites Natura 2000 que « *il ne saurait être exclu qu'il aille ainsi lorsqu'un projet, bien que de nature privée, présente réellement, à la fois par sa nature même et par le contexte économique et social dans lequel il s'insère, un intérêt public majeur et si l'absence de solutions alternatives est démontrée* ». Comme dans la jurisprudence sur l'utilité publique, un intérêt privé en lien avec la réalisation de l'intérêt général permet d'admettre la présence d'une RIIPM. Si cette jurisprudence concerne les sites Natura 2000 et pas les dérogations espèces protégées, elle a été largement reprise par les juridictions administratives qui se réfèrent fréquemment cette jurisprudence[3], à défaut de disposer d'arrêts de la Cour sur les RIIPM de l'article 16. Les frontières de cet intérêt public majeur semblent donc être les mêmes que celles de l'utilité publique, et le juge a

---

[1] M. Massol, « Les dérogations aux interdictions relatives aux espèces protégées. Analyse du contentieux » *Op. cit.*

[2] CJUE, 16 février 2012, C-182/10, Marie-Noëlle Solvay e. a. c/ Région Wallonne

[3] Voir par exemple S. Hoynck, concl. sous CE, 24 juillet 2019, n°414353, Société PCE

pu admettre que la création d'un centre de vacances entrainant la création de plus de 600 emplois[1], ou que la construction d'un écoquartier[2] répondaient à une RIIPM. Mais pour autant, de nombreuses opérations d'aménagement privées, malgré des arguments solides concernant leur participation à un intérêt public se sont vu dénier la qualification de RIIPM. Dans plusieurs cas, le juge estime que si cette opération répond à un intérêt public, il ne s'agit pas pour autant d'un intérêt public majeur. Ce raisonnement a notamment été avancé par le juge concernant la création de télésièges[3] ou d'un projet de parc d'activités commerciales[4]. Si le juge administratif identifie un projet d'intérêt public, mais que cet intérêt public n'est pas suffisant pour constituer une RIIPM, alors il paraît probable, vu la méthode d'appréciation de l'utilité publique, que cet intérêt public aurait été suffisant pour reconnaitre le caractère d'utilité publique de l'opération. La nécessité qu'un projet réponde à un intérêt supérieur à un simple intérêt public établi son caractère plus exigeant et une hiérarchie avec l'utilité publique.

25. **Des projets reconnus d'utilité publique dont la RIIPM n'a pas été reconnue** – Cette absence d'assimilation entre les raisons impératives d'intérêt public majeur et l'utilité publique ressort très clairement d'un certain nombre de contentieux dans lesquels des opérations d'aménagement ont fait l'objet à la fois d'une déclaration d'utilité publique, validée par le juge, et d'une dérogation espèces protégées annulée faute de RIIPM. C'est notamment le cas du contentieux relatif au projet du contournement de Beynac-et-Cazenac. Ce projet visait à réaliser une liaison entre les

[1] CAA Lyon, 16 décembre 2016, 15LY03097
[2] CE, 3 juillet 2020, n°430585, Les jardins des Vaîtes
[3] CAA Lyon, 16 mars 2022, 20LY00289
[4] TA Dijon, 14 avril 2015 n°1201960, 1300282

communes de Saint Vincent de Cosse et Sarlat, en Dordogne, comprenant le contournement de la commune de Beynac. Ce contournement a été déclaré d'utilité publique par un arrêté préfectoral du 26 décembre 2001 et prorogé par un arrêté préfectoral du 23 novembre 2006[1]. Cette déclaration d'utilité publique a été contestée devant le Tribunal administratif de Bordeaux, qui a rejeté la demande d'annulation par un jugement du 3 mai 2007, puis la CAA de Bordeaux, qui par un arrêt du 29 juin 2009[2] a pris acte du désistement du requérant mais a malgré tout confirmé la légalité de la DUP. Cet arrêt étant définitif et n'ayant pas fait l'objet d'un pourvoi en cassation, la déclaration d'utilité publique a définitivement été jugée légale. Cependant, ce projet de contournement routier a également dû faire l'objet d'une dérogation espèces protégées comprise dans une autorisation unique délivrée le 29 janvier 2018 par le préfet de la Dordogne. Cette dérogation porte sur la destruction de sites de reproduction ou d'aires de repos ainsi que la destruction accidentelle de spécimens de quatre espèces de mammifères semi-aquatiques et terrestres, dix-neuf espèces de chiroptères, quatre-vingt-douze espèces d'oiseaux, neuf espèces d'amphibiens et reptiles, quatre espèces d'insectes et une espèce de poisson. C'est donc un projet aux incidences majeures sur l'environnement. Par deux ordonnances du 3 et du 10 avril 2018, le TA de Bordeaux a refusé de faire droit à la demande de référé suspension portée par deux associations au titre de l'article L. 521-1 du CJA. Ces ordonnances ont été contestées en cassation devant le Conseil d'Etat. Par un arrêt du 28 décembre 2018[3], le Conseil d'Etat a suspendu l'autorisation unique,

---

[1] Département de Dordogne, déclaration de projet voie de la Vallée de la Dordogne. Routes départementales n°703, 49 et 57. Contournement de Beynac, 2018

[2] CAA Bordeaux, 29 juin 2009, 07BX01393

[3] CE, 28 décembre 2018, n°419918

en estimant que le bénéfice attendu de cette déviation seront très limités et donc que le projet ne répondait pas à une raison impérative d'intérêt public majeur au titre de l'article L. 411-2, créant un doute sérieux quant à la légalité de l'arrêté. Au fond, par un jugement du 9 avril 2019[1], le TA de Bordeaux a annulé l'arrêté préfectoral et enjoint le département de la Dordogne à procéder à la démolition des éléments de construction déjà réalisés. Cette décision a été confirmée en appel[2], puis en cassation[3]. Dans l'ensemble de ces décisions, le juge estime que la principale justification de l'opération, à savoir le fait de régler les problèmes de ralentissement pendant la période estivale, fluidifier le trafic et réduire les risques d'accident, n'était pas réellement fondée et que les bénéfices attendus seraient relatifs. Ce contentieux au long court a finalement abouti, du fait de la liquidation d'astreintes successives, à la condamnation du Département de la Dordogne à verser près de 1,92 million d'euros[4], pour ne pas avoir entièrement réalisé les travaux de démolition et de remise en état du site. Le raisonnement rigoureux de la Cour administrative d'appel de Bordeaux permet de saisir clairement les différences d'exigence attendue par le juge entre l'utilité publique et les raisons impératives d'intérêt public majeur. Ce projet de contournement routier est d'utilité publique mais ne répond pas à une raison impérative.

26. Ainsi, il n'y a pas d'assimilation entre utilité publique et raisons impératives d'intérêt public majeur. Ces deux

---

[1] TA Bordeaux, 9 avril 2019, n°1800744

[2] CAA Bordeaux, 10 décembre 2019, 19BX02327, 19BX02367, 19BX02369, 19BX02378, 19BX02421, 19BX02422, 19BX02423, 19BX02424

[3] CE, 29 juin 2020, n°438403

[4] CAA Bordeaux, 4 juillet 2023, 21BX02843, 21BX02844, 21BX02845, 21BX01074 ; CAA Bordeaux, 16 avril 2024, 21BX02843, 21BX02844, 21BX02845, 23BX01074

notions n'ont pas le même degré d'exigence et comme nous allons le voir, ne sont pas interprétées de la même façon par le juge administratif, qui privilégie, en matière d'espèces protégées, une interprétation beaucoup plus protectrice de l'environnement que le contrôle de l'utilité publique.

Section 2. Une exigence renforcée du juge des dérogations espèces protégées

27. Comme nous venons de le voir, les notions d'utilité publique et de raisons impératives d'intérêt public majeur ne sont pas assimilables pour le juge administratif, qui paraît bien plus exigeant concernant les dérogations espèces protégées que concernant les déclarations d'utilité publique. Cette différence d'exigence traduit, pour les dérogations espèces protégées, la volonté d'une appréciation réellement protectrice de l'environnement, ce que peine à faire la jurisprudence en matière d'utilité publique. Ainsi, il convient de voir dans un premier temps les lacunes de la théorie du bilan coût-avantage en matière de protection de l'environnement (§1) avant de voir en quoi la jurisprudence administrative en matière de raisons impératives est réellement exigeante et protectrice (§2).

§1 : L'inconsistance de l'intérêt environnemental dans la méthode du bilan coût-avantage

28. Un contrôle prometteur en matière de prise en compte de l'intérêt environnemental – L'évolution du contrôle des déclarations d'utilité publique par le juge administratif avec la jurisprudence *Ville Nouvelle-Est*[1] ne concerne pas à première vue, le droit de l'environnement. En effet, il s'agit d'une jurisprudence générale concernant la manière dont le juge administratif contrôle la légalité des déclarations d'utilité publique. Alors que précédemment, le juge se contentait de contrôler si le projet répondait, en-lui-même, à une cause d'utilité publique[2], en suivant les conclusions du commissaire du gouvernement Guy Braibant, le Conseil d'Etat fait évoluer sa jurisprudence pour contrôler si le projet, ses caractéristiques, et la manière dont l'opération va être menée concrètement, sont d'utilité publique. Pour cela, le juge consacre la méthode dite du bilan coût-avantage qui revient à sous-peser d'un côté les avantages de l'opération et de l'autre ses inconvénients à savoir le coût financier et le coût social de l'opération, ce dernier comprenant notamment, pour le commissaire du gouvernement, le coût environnemental de l'opération. Dans un passage de ses conclusions largement repris depuis, Guy Braibant estime que « *Ce n'est pas seulement le coût financier de l'opération qui doit être pris en considération mais aussi ce que l'on pourrait appeler d'une façon générale le coût social. À un moment où il est beaucoup question, et à juste titre, d'environnement et de cadre de vie, il faut éviter que des projets par ailleurs utiles viennent aggraver la pollution ou détruire une partie du patrimoine naturel et culturel du pays ;* »[3]. Ainsi, cette jurisprudence laissait espérer un contrôle plus strict de la part du juge, et une meilleure prise en compte du coût environnemental des opérations. En effet, quelques années auparavant, un arrêt

---

1 CE, Ass., 28 mai 1971, n°78825, Ministre de l'équipement et du logement c. Fédération de défense des personnes concernées par le projet actuellement dénommé « Ville nouvelle Est » *Op. cit.*

2 Jean-François Couzinet, « De la nécessité publique à l'utilité publique : les évolutions du fait justificatif de l'expropriation » *Op. cit.*

3 G. Braibant, concl. sous CE, Ass., 28 mai 1971, n°78825, Ville nouvelle Est

du Conseil d'Etat du 15 mars 1968, *Commune de Cassis*[1], avait conduit le juge administratif à valider une DUP relative à la construction d'une canalisation destinée au transport des résidus solides de la fabrication d'alumine par l'usine Pechiney, dans la baie de Cassis, considérant que cette opération répondait à un intérêt général constitutif d'une cause d'utilité publique, malgré les atteintes considérables à l'environnement.

29. **Un nombre restreint d'annulations** – Cependant, plus de 50 ans après, cette jurisprudence qui a transformé le contrôle des déclarations d'utilité publique, il est possible de faire un bilan du bilan[2], notamment du point de vue de la protection de l'environnement. L'objectif du Conseil d'Etat en 1971, à savoir contrôler de manière plus concrète et plus stricte les déclarations d'utilité publique s'est bien réalisé, et cette appréciation *in concreto* des opérations par le bilan coût-avantage s'est généralisée pour devenir la norme. Cependant, malgré le développement de ce contrôle plus concret, au global, comme le relèvent les observations du GAJA sous l'arrêt *Ville Nouvelle-Est*[3], les annulations ont été relativement peu nombreuses, malgré certaines annulations spectaculaires d'opérations de grande envergure. Notamment, le Conseil d'Etat a annulé la déclaration d'utilité publique du projet de l'autoroute transchablaisienne reliant Annemasse à Thonon-les-Bains[4],

---

[1] CE, 15 mars 1968, n°69312, Commune de Cassis, Lebon

[2] Expression « bilan du bilan » en référence à P. Wachsmann, « Un bilan du bilan en matière d'expropriation : la jurisprudence Ville Nouvelle Est trente ans après » *in Gouverner, administrer, juger. Mélanges en l'honneur de Jean Waline*, Paris, Dalloz, 2002, p. 733

[3] Obs sous CE, 1971, Ville Nouvelle Est in « Les grands arrêts de la jurisprudence administrative », Paris, Dalloz, 2021, 23e édition, p. 567

[4] CE, Ass., 28 mars 1997, n°170856, Association contre le projet de l'autoroute transchablaisienne, Lebon ; RFDA 1997.740 note Rouvillois

estimant que les maigres améliorations du trafic routier ne compensaient pas le coût financier très important de l'opération (2,6 milliards de francs).

30.**Des annulations exceptionnelles en matière de coût environnemental de l'opération** – Dans les annulations des déclarations d'utilité publique au titre d'un bilan coût-avantage négatif de l'opération, cette jurisprudence a donné lieu à un certain nombre d'annulations au titre du coût environnemental trop important de l'opération. Cependant, si on a pu constater plusieurs annulations concernant des projets relativement peu importants[1], pour les opérations de grande envergure, il n'y a quasiment pas eu d'annulation. La seule annulation notable se trouve être celle de la DUP d'une ligne très haute tension (THT) 400 kV traversant les gorges du Verdon et reliant Manosque en Espagne à Nice afin de sécuriser le réseau électrique de la région Provence Alpes Côte d'Azur (PACA). Cette ligne devait traverser les gorges du Verdon, dont une partie est classée au titre de la loi du 2 mai 1930[2]. Le Conseil d'Etat a estimé, dans cet arrêt *Association interdépartementale et intercommunale pour la protection du lac de Sainte-Croix, de son environnement, des lacs et sites du Verdon*[3], que les inconvénients environnementaux, renforcés par la présence de différentes législations protectrices, l'emportaient sur l'intérêt général de l'opération, conduisant à l'annulation de la DUP.

---

[1] E. Naim-Gesbert, « Droit Général de l'environnement. Introduction au Droit de l'environnement » *Op. cit.* p. 94

[2] Loi du 2 mai 1930 ayant pour objet de réorganiser la protection des monuments naturels et des sites de caractère artistique, historique, scientifique, légendaire ou pittoresque ; JORF n°0197, 4 mai 1930

[3] CE, 10 juillet 2006, n°288108, Association interdépartementale et intercommunale pour la protection du lac de Sainte-Croix, des lacs et sites du Verdon, Lebon ; JCP A, 2006. 1256, note Billet

31. Acceptabilité compensée du projet – Cependant, dans la plupart des cas, concernant les opérations importantes, se met en œuvre ce que le professeur Éric Naim-Gesbert appelle une acceptabilité compensée du projet[1]. Cela signifie que l'application aux opérations faisant l'objet d'une DUP de la séquence éviter réduire compenser (ERC) des études d'impact permet de réduire le poids des inconvénients environnementaux dans la balance, et finalement juger la DUP légale au regard de la théorie du bilan coût-avantage, malgré des atteintes très importantes à l'environnement. Particulièrement, la prise en compte des mesures compensatoires par l'intégration détournée de l'étude d'impact des projets dans le contrôle du bilan vient gommer les inconvénients écologiques du projet, faisant pencher la balance en faveur de l'utilité publique[2]. L'intégration de l'étude d'impact ne participe donc pas à un verdissement de la théorie du bilan coût-avantage mais à « *un amenuisement de la protection de l'environnement, en s'assurant que le projet compense les pertes qu'il induit* »[3].

32. Les propositions d'évolution de la théorie du bilan – Ainsi, ce bilan décevant en matière de protection de l'intérêt environnemental conduit une partie de la doctrine à proposer plusieurs voies d'évolution par rapport à l'état actuel de la jurisprudence administrative concernant le contrôle de l'utilité publique. Le professeur Bertrand Seiller a notamment critiqué la théorie du bilan en ce que des projets présentent un intérêt tel, que la balance ne peut être que positive alors qu'il s'agit paradoxalement des projets

[1] E. Naim-Gesbert, « Droit Général de l'environnement. Introduction au Droit de l'environnement » *Op. cit.* p. 94

[2] M. Frayssinet, « La théorie du bilan à l'épreuve du droit de l'environnement », *RJE* 2021/2, Vol. 46, p. 294

[3] *Ibid.*

aux inconvénients les plus importants[1]. Pour éviter cette limitation, il propose de réaliser un contrôle « extrinsèque » de légalité des DUP, à savoir un élargissement du bloc de référence du contrôle de la légalité des décisions conduisant le juge à comparer plusieurs décisions pour identifier la meilleure d'entre elles. Cela reviendrait finalement à ajouter dans le bilan coût-avantage la deuxième condition d'obtention d'une dérogation espèce protégée, à savoir l'absence de solution alternative. Cependant, le juge administratif a du mal à manier ce principe, que le Conseil d'Etat contrôle seulement sous l'angle de la dénaturation dans le cadre des dérogations. Concernant la place de l'intérêt environnemental dans le contrôle de l'utilité publique, selon Rémi Radiguet[2], la meilleure prise en considération des atteintes à l'environnement concernant les autorités publiques passe par un contrôle distinct de celui du bilan. En effet, c'est par le contrôle des DUP au regard du principe de précaution[3] et du principe de prévention[4], rajoutant une étape au contrôle, que l'intérêt environnemental pourra être pris en compte de façon satisfaisante. Cela revient finalement à détacher l'intérêt environnemental de la balance et de la comparaison avec les avantages du projet, pour aller vers une autonomisation du contrôle.

---

[1] B. Seiller, « Pour un contrôle de la légalité extrinsèque des déclarations d'utilité publique », *AJDA* 2003 p. 1472

[2] R. Radiguet, « L'avenir du contrôle environnemental des DUP : un avenir sans bilan ? » in *Les 50 ans de la jurisprudence Ville Nouvelle Est*, IFDJ, 2023, pp. 185-203

[3] Depuis CE, Ass., 2 avril 2013, n°342409, Association coordination interrégionale Stop THT et autres, Lebon ; *AJDA* 2013, p. 767, note D. Poupeau

[4] Depuis CE, 9 juillet 2018, n°410917, Commune de Villiers-le-Bâcle et a, T. Lebon. ; *AJDA* 2018 p. 1423, note M-C. de Montecler

33. La théorie du bilan coût-avantage ne paraît donc pas la technique la plus pertinente pour permettre une réelle considération des atteintes à l'environnement d'opérations d'aménagement.

§2 : La raison impérative d'intérêt public majeur : une « marche élevée à franchir »

34. Un consensus sur la sévérité du juge – La doctrine a des difficultés à produire une analyse systématique de la jurisprudence en matière de raisons impératives d'intérêt public majeur. Cette difficulté est la résultante de plusieurs facteurs. D'une part, il s'agit d'une formule vague, qualifiée par Olivier Fuchs dans ses conclusions sous l'arrêt *La Provençale* de disposition « *balai* »[1]. Cela traduit l'idée qu'au-delà des 4 motifs de dérogation relativement précis - la protection de la faune et de la flore sauvage ; les dommages importants aux cultures ; des fins d'éducation, de recherche, de repeuplement ; la prise ou la détention d'un nombre limité de spécimens - cette disposition imprécise, à texture ouverte[2], vient combler les interstices, et permet une plus grande liberté d'interprétation pour couvrir des cas de dérogation au motif économique et social, selon les besoins du moment. Cette liberté d'interprétation laissée à l'autorité délivrant la dérogation et *in fine*, au juge administratif, rend difficile une systématisation de l'interprétation. D'autre part, le Conseil d'Etat, qui exerce dans son office de juge

---

[1] O. Fuchs, concl. sous CE, 3 juin 2020, n°425395, 425399, 425425, Société La Provençale et Ministre de la Transition écologique et solidaire

[2] D. Guinard, « La raison impérative d'intérêt public : nouvelles récentes d'une jeune notion en droit administratif » *in Droit et climat : interventions publiques locales et mobilisations citoyennes*, Paris, Dalloz, 2022 (Thèmes et commentaires) p. 15

de cassation une mission de cour régulatrice de la juridiction administrative[1], s'est très peu prononcé jusqu'à récemment sur l'interprétation à donner à la notion. Les RIIPM ont été introduites au niveau législatif en droit interne en 2006, et il a fallu attendre 2020 pour que le Conseil d'Etat avec sa jurisprudence *La Provençale* essaie d'harmoniser l'interprétation de cette notion pourtant très fertile en contentieux depuis le début des années 2010[2]. De plus comme nous le verrons plus loin, cette jurisprudence ne lève pas tous les doutes sur la manière d'interpréter ces raisons impératives. Cependant, au-delà des divergences d'analyse et d'interprétation, la doctrine s'accorde sur le caractère exigeant de cette notion et l'usage sévère qu'en fait le juge, multipliant les annulations sur ce fondement. Pour François Benech et Cécile Rolland, « *est révolu le temps où certains maîtres d'ouvrage traitaient avec indifférence le risque d'atteinte à une espèce protégée. Ces dernières années, les décisions censurant des projets qui n'étaient pas d'une importance telle qu'une dérogation se justifie, se sont multipliées. Il s'agit là d'une dynamique* »[3]. Pour Claire Giordano, « *il subsiste un flou quant à la manière d'apprécier ce motif de dérogation. Un élément ressort toutefois de cette incertitude : celle-ci constitue le terreau d'une certaine sévérité des juges dans leur reconnaissance d'un intérêt public majeur à la réalisation*

[1] M. Guyomar, B. Seiller, A. Meynaud-Zeroual, « Contentieux Administratif », Paris, Dalloz (Hypercours), 2021, 6e édition, p. 90

[2] G. Audrain-Demey « Aménagement et dérogation au statut des espèces protégées : la « raison impérative d'intérêt public majeur » au coeur du contentieux », *Dr. env.*, 2019 n°274, pp. 13-18

[3] F. Benech, C. Rolland, « Grands projets et raison impérative d'intérêt public majeur », *AJCT*, 2021, p. 305

d'un projet, favorable à la protection des espèces et habitats protégés »[1].

35.**Une interprétation exigeante et excluante** – Dans ses conclusions sous le premier arrêt du Conseil d'Etat se prononçant au fond sur les RIIPM[2], le rapporteur public Stéphane Hoynck, sans proposer de véritable méthode d'interprétation exhorte à ne pas adopter une approche trop rigide, notamment en n'imposant pas un bilan coût-avantage systématique, mais explique que « *la caractérisation d'une raison impérative d'intérêt public majeur demeure, en soi, une marche élevée à franchir* ». Selon le rapporteur public, si comme en matière de DUP, un projet privé peut répondre à des considérations d'intérêt général, cet intérêt public doit être impératif, c'est-à-dire, selon Stéphane Hoynck, qu'il doit s'agir d'un intérêt de long terme[3]. Ainsi, sans poser un cadre précis d'interprétation, ces conclusions permettent de borner l'interprétation des RIIPM et de poser certaines frontières à cette notion relativement floue. Comme nous le verrons par la suite, sans fixer clairement de méthode d'interprétation, le Conseil d'Etat dans ses arrêts va essayer de fixer un critère déterminant à la reconnaissance de RIIPM selon le type de projets. Ainsi, dans cet arrêt *PCE* relatif à la construction du centre commercial Val Tolosa dans la banlieue toulousaine, le rapporteur public estime que pour qu'un projet commercial puisse être qualifié de raison impérative d'intérêt public majeur, des motifs purement commerciaux ne suffisent pas, et l'opération doit s'inscrire dans une politique d'aménagement du territoire, de revitalisation de certains secteurs ou de rééquilibrage

[1] C. Giordano, « L'appréciation de l' « intérêt public majeur » d'un projet portant atteinte à des espèces et/ou habitats protégés », *JCP A*, 2022 n°17, pp. 27-31

[2] S. Hoynck, concl. Sous CE, 24 juillet 2019, n°414353, Société PCE

[3] *Ibid.*

territorial[1]. Ce critère déterminant concernant les opérations d'aménagement commercial va faire long feu, puisque la plupart des annulations des dérogations de ces projets vont se fonder sur l'absence de RIIPM, ces projets ne répondant pas aux enjeux territoriaux[2], notamment quand ils s'installent dans des zones déjà bien desservies.

36. L'assimilation faite dans la loi Industrie Verte – Il ressort de la comparaison entre la nature des raisons impératives et de l'utilité publique, ainsi que de la comparaison entre les contrôles opérés par le juge, que du point de vue de l'exigence, les raisons impératives d'intérêt public majeur sont plus exigeantes que l'utilité publique. Comme le relèvent justement François Benech et Cécile Rolland, les adjectifs « *impératif* » et « *majeur* » distinguent les RIIPM de l'intérêt général et de l'utilité publique et « *suggèrent même une hiérarchie entre ces notions voisines au sommet de laquelle se trouverait la raison impérative d'intérêt public majeur* »[3]. Cependant, s'il s'agit là d'interprétations jurisprudentielles, la loi Industrie Verte tend à assimiler raisons impératives et utilité publique. Selon le nouvel article L. 300-6-2 du code l'urbanisme, un projet industriel revêtant une importance particulière pour la transition écologique ou la souveraineté nationale, notamment eu égard à son envergure, peut être qualifié par décret de projet d'intérêt national majeur. Cette qualification par décret a plusieurs effets. Elle rend la compétence de délivrance de l'autorisation d'urbanisme au préfet, permet d'obtenir la mise en compatibilité des documents d'urbanisme, et peut valoir, selon l'article L.

---

[1] *Ibid.*

[2] Voir par exemple CAA Bordeaux, 19 mai 2020, 18BX01935 ; CAA Lyon, 16 septembre 2021, 19LY00268 ; TA Lyon, 7 octobre 2021, n°2004480

[3] F. Benech, C. Rolland, « *Grands projets et raison impérative d'intérêt public majeur* » *Op. cit.*

411-2-1 du code de l'environnement modifié, reconnaissance du caractère de RIIPM. Mais l'introduction d'un article L. 122-1-1 au sein du code de l'expropriation va encore plus loin. Pour tout projet industriel ou d'infrastructure, la DUP d'un projet situé dans le périmètre d'une opération d'intérêt national (article L. 102-12 du code de l'urbanisme) ou d'une grande opération d'urbanisme (article L. 312-3 du code de l'urbanisme), peut valoir reconnaissance du caractère de RIIPM. Alors même que la loi introduit un mécanisme dérogatoire important, dont elle limite l'usage à des projets d'une envergure telle qu'ils doivent être reconnus par décret, l'article L. 1222-1-1 l'étend à tout grand projet industriel, y compris des projets ne s'inscrivant pas dans la transition écologique ou énergétique. Selon l'exposé des motifs, l'objectif de cette loi est double : accélérer la réindustrialisation de la France et faire de l'industrie française un levier de réduction de l'empreinte carbone de la France. Ainsi, dans le but d'accélérer l'implantation d'entreprises « *L'article 10 vise à renforcer la cohérence de la procédure de déclaration d'utilité publique (DUP) et sa solidité juridique en permettant, bien avant la finalisation du dossier d'autorisation et l'engagement de la phase de travaux, de reconnaître à un projet le caractère de projet répondant à une raison impérative d'intérêt public majeur (RIIPM) et ce dès la phase de la déclaration d'utilité publique du projet. Cette mesure vise à sécuriser les porteurs de projets dans leurs démarches, apporter de meilleures garanties au respect du droit de propriété, purger en amont les contentieux éventuels liés à la RIIPM et permettre au porteur de projet de se projeter sur la procédure de dérogation espèces protégées dès la DUP, tout en maintenant un haut niveau de garantie de protection des espèces et de leurs habitats* »[1]. Comme on vient de le voir, les raisons impératives sont interprétées beaucoup plus strictement que l'utilité publique. En prévoyant que la déclaration d'utilité publique vaut reconnaissance de RIIPM, cette assimilation risque de conduire le juge à interpréter de la même manière ces deux notions, qui devront être contestées à l'occasion du même recours, et à un élargissement progressif de la reconnaissance de raisons impératives qui doivent pourtant faire l'objet d'une interprétation stricte pour garantir les objectifs de la directive. Cette proposition porte donc le risque d'un affadissement important du caractère exigeant des RIIPM qui contribue à la protection des intérêts environnementaux.

Conclusion du chapitre 1

37. Nous venons donc de voir que la notion de raison impérative d'intérêt public majeur se distingue dans sa nature de la notion d'utilité publique pour former une notion autonome. D'une part, ces deux notions présentent une différence de nature : la raison impérative est un intérêt public qualifié, alors que l'utilité publique est seulement un intérêt public calibré à une opération. Les deux notions ne sont pas sous-tendues par le même concept. D'autre part, le juge administratif a développé une interprétation plus exigeante des raisons impératives que l'interprétation de l'utilité publique qui là aussi, distingue les deux notions et empêche toute assimilation, au risque de diminuer le degré d'exigence des RIIPM. Mais ce degré d'exigence, au-delà de la nature, dépend surtout de la technique juridique, de la méthode d'interprétation employée par le juge qui là aussi, contribue à distinguer RIIPM et utilité publique.

---

[1] Exposé des motifs, projet de loi relatif à l'industrie verte (ECOX2310860L)

Chapitre 2 : Un contrôle *in concreto* distinct de la technique du bilan coût-avantage

38. À présent, il convient de voir les différences entre les RIIPM de l'article L. 411-2 du code de l'environnement et la notion d'utilité publique sous le prisme de la technique juridique utilisée par le juge. Ces deux notions ont un caractère largement prétorien et leur interprétation repose avant tout sur le juge administratif. La méthode d'interprétation qu'applique le juge à la détermination de chacune de ces notions conditionne leur degré d'exigence. Si le contentieux des dérogations espèces protégées est aujourd'hui particulièrement nourri, il est longtemps resté cantonné aux juridictions de fond, et le Conseil d'Etat ne s'est prononcé que tardivement sur l'interprétation à donner aux RIIPM. Le contrôle des RIIPM par le juge a évolué et donné lieu à des divergences méthodologiques sur la manière d'apprécier les RIIPM, notamment sur la nécessité de réaliser, ou non, un bilan coût-avantage de l'opération, technique d'interprétation de l'utilité publique, pour identifier l'intérêt public majeur du projet (Section 1). Cependant, le Conseil d'Etat a finalement tranché, excluant tout bilan, malgré la reprise de l'expression de « mise en balance », consacrant ainsi l'autonomie des RIIPM sur le terrain de la technique juridique (Section 2).

Section 1. L'évolution du contrôle des raisons impératives d'intérêt public majeur entre appréciation absolue et relative

39. Il est possible de dégager deux mouvements d'évolution dans le contrôle opéré par le juge des raisons impératives d'intérêt public majeur. D'une part, sur le terrain de la méthodologie à adopter, la position des juridictions administratives a pu osciller entre appréciation absolue et appréciation relative (§1). D'autre part, du fait de ces incertitudes, le juge administratif s'est surtout efforcé à dégager des critères déterminants pour apprécier les RIIPM, par type de projets (§2).

§1 : Des divergences méthodologiques entre juridictions sur la nécessité d'opérer un bilan

40. Un contrôle *in concreto* – La manière d'identifier la présence d'une RIIPM s'est scindée en deux types d'appréciation différents : d'un côté une appréciation absolue, qui consiste à identifier dans le projet en lui-même s'il répond à une raison impérative. Comme l'explique Gaëlle Audrain-Demey, « *c'est-à-dire en fonction des caractéristiques du projet lui-même, de sa capacité objective à répondre à un besoin essentiel et indispensable* »[1]. De l'autre côté, une appréciation relative de l'intérêt public majeur, pour reprendre les mots du rapporteur public Jean-Michel Riou[2]. Cette appréciation

[1] G. Audrain-Demey, « Aménagement et dérogation au statut des espèces protégées : la « raison impérative d'intérêt public majeur » au cœur du contentieux », *Op. cit.*

[2] Conclusions Jean-Michel Riou sous CAA de Douai, 15 octobre 2015, Écologie pour Le Havre *Op. cit.*

relative consiste à appliquer aux dérogations espèces protégées la jurisprudence de la CJUE sur les dérogations aux atteintes aux sites Natura 2000, et à opérer une « *mise en balance* »[1] entre les inconvénients du projet, à savoir les atteintes aux espèces, et les avantages du projet. Il s'agit de faire un contrôle de proportionnalité qui est *in fine*, un bilan coût-avantage. Cependant, que ce soit la méthode absolue ou relative d'identification, ces deux méthodes ont en commun qu'il ne s'agit pas d'une appréciation *in abstracto* des RIIPM mais bien d'une appréciation *in concreto*. Qu'il s'agisse de regarder seulement les caractéristiques du projet ou qu'il s'agisse de les comparer avec l'atteinte causée aux espèces, le juge administratif ne se contente pas, comme il pouvait le faire concernant l'utilité publique avant 1971, de constater que le principe de l'opération répond bien à une finalité d'intérêt général. Ici, le juge administratif contrôle véritablement les détails techniques du projet et la manière dont il est mené. Cette approche *in concreto* est à mettre au profit de la jurisprudence *Ville Nouvelle-Est*, qui depuis 1971, a progressivement habitué le juge, concernant ces opérations d'aménagement, à opérer un contrôle plus poussé et finalement, plus pertinent.

41. **Une proposition d'appréciation absolue** – L'appréciation absolue est la plus utilisée par le juge. Cette méthode d'identification a commencé à se développer à partir de la première décision du Conseil d'Etat concernant les RIIPM[2]. Cet arrêt, qui est un recours en cassation formé contre une ordonnance en référé du Tribunal de Dijon, se contente de reprendre les termes de l'ordonnance de première instance : « *le juge des référés du tribunal administratif de Dijon s'est fondé sur le fait que si le projet présentait un intérêt public*

[1] CJUE, 16 février 2012, C-182/10, Marie-Noëlle Solvay e. a. c/ Région Wallonne

[2] CE, 9 octobre 2013, n°366803, SEM Nièvre Aménagement

incontestable, il ne constituait pas pour autant un cas exceptionnel dont la réalisation se révèlerait indispensable ». Ces adjectifs « *exceptionnel* » et « *indispensable* » vont être repris par les juges du fond, et c'est sur cette base que la plupart des tribunaux administratifs vont interpréter les RIIPM dans un premier temps[1]. Cette approche rejoint l'idée, avancée par la CJUE que les dispositions, en tant qu'elles sont dérogatoires au régime général de protection, doivent faire l'objet d'une protection stricte[2]. Cette tendance à utiliser ces adjectifs a continué jusqu'à l'arrêt *La Provençale* en 2020, où le rapporteur public Olivier Fuchs, dans des conclusions particulièrement argumentées, a notamment demandé que ces adjectifs ne soient plus utilisés[3]. Depuis cette jurisprudence, dans la plupart des cas, le juge administratif procède malgré tout à cette analyse dans l'absolu des RIIPM, en se référant donc seulement au projet et à ses caractéristiques, mais sans utiliser les adjectifs d'exceptionnel et d'indispensable. Le juge administratif suit ici la « *méthode* » si on peut la qualifier ainsi, développée par le Conseil d'Etat à partir de ses deux arrêts *PCE*, à savoir une approche très imprécise et casuistique, qui n'utilise aucun adjectif comme critère, et qui se contente, après une analyse fine, de constater si le projet répond, ou non, à une RIIPM.

42. Une proposition d'appréciation relative – En réponse à cette appréciation absolue, certains juges ont élaboré une technique d'identification plus relative, permettant d'admettre les RIIPM avec plus de souplesse. C'est l'arrêt de la CAA de Douai *Ministère chargé de l'écologie c/*

---

[1] C. Giordano, « L'appréciation de l'« intérêt public majeur » d'un projet portant atteinte à des espèces et/ou habitats protégés » *Op. cit.* p. 30

[2] CJCE, 26 octobre 2006, C-239/04, Commission c/ Portugal

[3] O. Fuchs, concl. sous CE, 3 juin 2020, n°425395, La Provençale, p. 4

Association « Écologie pour le Havre »[1]. La dérogation contestée dans cet arrêt portait sur la reconversion en zone d'activité économique de terrains appartenant à Réseau ferré de France et risquant de perturber ou de détruire des spécimens de tritons palmés, de lézards des murailles, d'orvets fragiles et de 32 espèces d'oiseaux protégées. La CAA de Douai estime dans cet arrêt que peut être autorisé un projet, bien que de nature privée lorsqu'il « *présente réellement, à la fois par sa nature et par le contexte économique et social dans lequel il s'insère, un intérêt public majeur, qui doit pouvoir être mis en balance avec l'objectif de conservation des habitats naturels et de la faune sauvage, poursuivis par la directive* ». Le juge administratif reprend et applique ici aux dérogations espèces protégées la jurisprudence de la CJUE relative aux atteintes aux sites Natura 2000. Les conclusions du rapporteur public, Jean-Michel Riou sont particulièrement éclairantes pour comprendre cette méthode d'identification de la CAA de Douai. En effet, ce dernier identifie dans l'approche du juge communautaire concernant les RIIPM de l'article 6 §4 une appréciation relative de l'intérêt public majeur[2]. Le rapporteur public déduit de l'expression de « *mise en balance* » qu'« *une atteinte (nette des compensations) relativement peu importante permet d'autoriser un projet, sous réserve que les critères de la jurisprudence Solvay soient remplis. Autrement dit, le juge communautaire me paraît avoir privilégié une appréciation relative de l'intérêt public majeur et non une approche absolue, même dans le cas, a priori peu favorable à la dérogation, d'un projet de développement économique* »[3].

---

[1] CAA de Douai, 15 octobre 2015, 14DA02064, Ministère chargé de l'écologie c/ Association « Écologie pour le Havre »

[2] Conclusions Jean-Michel Riou sous CAA de Douai, 15 octobre 2015, Écologie pour Le Havre *Op. cit.*

[3] *Ibid.*

Cette technique revient donc à faire un bilan coût-avantage, avec du côté des avantages, les éléments pouvant caractériser un intérêt public majeur et du côté des coûts, l'atteinte aux espèces, nette de la compensation. Il s'agit donc clairement d'une approche plus permissive des dérogations espèces protégées, en phase avec le but de la directive : favoriser le maintien de la biodiversité tout en tenant compte des exigences économiques, sociales, culturelles et régionales[1]. La question revient finalement, concernant l'identification des raisons impératives, à savoir où placer le curseur entre la protection de la biodiversité et les exigences économiques, et il est clair que la mise en balance tend à admettre un spectre plus large de raisons impératives, alors que l'appréciation absolue, plus restrictive, va dans le sens d'une protection plus stricte de la biodiversité. Au sens des objectifs de la directive Habitats, ces deux interprétations se tiennent. Cependant, comme le rappelle Gaëlle Audrain-Demey, l'objectif de la législation en matière de dérogation n'est pas tant de parvenir à un équilibre qu'à une protection réelle des espèces contre les intérêts économiques qui prennent souvent le pas sur ce premier enjeu et une interprétation stricte de l'article L. 411-2 semble seule être en mesure de garantir cet objectif[2].

---

[1] Considérant 3, directive 92/43/CEE

[2] G. Audrain-Demey, « Aménagement et dérogation au statut des espèces protégées : la « raison impérative d'intérêt public majeur » au cœur du contentieux », *Op. cit.*

§2 : L'émergence d'un critère déterminant selon le type de projets

43. Une appréciation relative marginale au regard de l'ensemble de la jurisprudence – Face à ces débats méthodologiques, le Conseil d'Etat a mis du temps à trancher, mais à partir des deux décisions PCE, il est clair que le juge du Palais royal adopte une appréciation absolue. Si l'arrêt de la CAA de Douai a donné lieu à un certain nombre de jugements et d'arrêts adoptant une appréciation relative des RIIPM[1], cette position est restée très marginale au regard de l'ensemble de la jurisprudence administrative. On peut constater avec une recherche par mot clef sur le moteur de recherche Ariane Archives que sur 587 résultats mentionnant l'expression de « raison impératives d'intérêt public majeur », seulement 37 résultats utilisent l'expression « mis en balance » ou « mise en balance ». Cette proportion est à relativiser, étant donné que les 587 résultats ne portent pas sur l'appréciation des RIIPM, dans de nombreux cas, le résultat apparait du fait de la citation, par le juge administratif, de l'article L. 411-2 du Code de l'environnement. Mais si on regarde avant 2020, et la récupération par le Conseil d'Etat de l'expression de « mise en balance », Ariane Archives ne sort que 14 résultats de décisions mentionnant cette « mise en balance » et l'expression de « raisons impératives d'intérêt public majeur ». Ce mouvement d'appréciation relative était donc très marginal par rapport à la publicité qu'a pu faire une partie de la doctrine à cette technique.

---

[1] Plusieurs arrêts reprennent la méthode de la mise en balance suite à cet arrêt. Voir notamment TA Toulouse, 6 septembre 2018, n°1502207, Association présence des terrasses de la Garonne à propos d'un projet de route départementale ou TA Lyon, 15 novembre 2018, n°1707908 à propos de l'implantation d'un centre commercial

44. La position du conseil d'Etat – Dans ses deux décisions *Société PCE,* le Conseil d'Etat adopte une méthode d'appréciation absolue, étant donné qu'il décide de ne pas réaliser de mise en balance. Cependant, il n'utilise pas non plus les adjectifs « exceptionnel » ou « indispensable ». Il se contente de poser que « *Il résulte de ces dispositions qu'un projet d'aménagement ou de construction d'une personne publique ou privée susceptible d'affecter la conservation d'espèces animales ou végétales protégées et de leurs habitats ne peut être autorisé, à titre dérogatoire, que s'il répond, par sa nature et compte tenu notamment du projet urbain dans lequel il s'inscrit, à une raison impérative d'intérêt public majeur* ». C'est le considérant de principe concernant les RIIPM que l'on va retrouver dans la plupart des décisions, y compris celles dans lesquels la mention « *notamment du projet urbain dans lequel s'inscrit* » n'a pas vraiment sa place[1]. Le Conseil d'Etat semble donc privilégier une appréciation absolue, s'en tenant aux caractéristiques du projet. Comme nous le verrons, à partir de son arrêt *La Provençale*, le Conseil d'Etat décide pourtant d'adopter l'expression de « mise en balance » héritée de la jurisprudence de la CJUE, et mise en avant par les défenseurs d'une appréciation relative.

45. La mise en place de critères déterminants par type de projet – Le Conseil d'Etat s'est peu prononcé sur les RIIPM. Si on recherche l'expression complète « *raisons impératives d'intérêt public majeur* » dans Ariane Archives, le moteur de recherche trouve 43 occurrences[2], sachant que plusieurs arrêts dans les résultats de recherche ne font que mentionner les RIIPM en citant l'article L. 411-

[1] J-R. Mauzy, « raison impérative d'intérêt public majeur : un projet doit-il nécessairement être indispensable, exceptionnel et urbain », *BDEI* n°79, 2019, p. 49

[2] Recherche effectuée le 12 avril 2023 au Tribunal administratif de Toulouse

2 avant de se prononcer, par exemple, sur la nécessité d'obtenir une dérogation espèce protégée dans le cadre d'une autorisation environnementale. Dans la vingtaine d'arrêts portant réellement sur l'identification de raisons impératives, le Conseil d'Etat par son rejet ou non de la qualification, va venir fixer implicitement des critères déterminants pour le secteur ou le type de projet concerné, qui seront ensuite repris par les juridictions de fond.

46. **Le critère de l'offre préexistante dans le cadre des zones commerciales** – Ainsi concernant les zones d'activité économique ou les zones commerciales, il semble que le critère de reconnaissance soit la participation de l'opération au projet d'aménagement du territoire, notamment la revitalisation de certaines zones. À partir de cet arrêt, concernant l'implantation de zones commerciales, le juge va être particulièrement attentif à l'offre commerciale préexistante dans le secteur. Par exemple, concernant un projet du parc d'activités commerciales de la Commanderie à Crottet, la CAA de Lyon note que la commune est déjà dotée de deux zones commerciales, à 15 minutes en voiture[1]. De même pour la CAA de Bordeaux qui annule la dérogation d'une opération d'installation de commerces, du fait d'un secteur déjà bien desservi en centres commerciaux[2]. Les opérations de création de zones commerciales ont donné lieu à un nombre d'annulations très important, et il ne semble pas que la création d'emplois soit déterminante dans l'appréciation du juge. Ce dernier a refusé de considérer la création du centre commercial Val Tolosa comme répondant à une RIIPM malgré la promesse de création de 1500 emplois[3]. Pour apprécier la

---

[1] CAA Lyon, 16 septembre 2021, 19LY00268

[2] CAA Bordeaux, 19 mai 2020, 18BX01935

[3] CE, 25 mai 2018, n°413267 Société PCE ; CE, 24 juillet 2019, n°414353, Société PCE

participation de l'opération d'aménagement du territoire, le Conseil d'Etat a admis, au-delà du principe d'indépendance des législations[1], que la CAA de Bordeaux utilise le schéma de cohérence territoriale (SCoT) pour apprécier la manière dont le projet va s'inscrire dans le projet de territoire.

47. **La jurisprudence aboutie des installations de production d'énergie renouvelable** – Le Conseil d'Etat a surtout eu l'occasion de se prononcer sur des projets d'installation d'énergie renouvelables, notamment de parcs éoliens. C'est dans ce secteur que la jurisprudence du Conseil d'Etat est la plus aboutie et elle permet d'identifier clairement les critères déterminants d'une RIIPM en la matière. La grille d'analyse du juge administratif prend en compte deux critères : d'une part la puissance installée de l'installation et de l'autre, la contribution significative aux objectifs de production d'énergie renouvelable. Dans un arrêt *Société les Moulins de Lohan* de 2021[2], le projet consistait à l'installation d'un parc éolien composé de seize ou dix-sept éoliennes d'une puissance totale de plus de 51 mégawatts et permettant l'approvisionnement de plus de 50 000 personnes. Le Conseil d'Etat a constaté que ce projet participait à l'objet du passage de la part d'énergie renouvelable produite dans la consommation brute produite à 23% en 2020 et 32% en 2030. De plus, le juge estime que ce parc participe à renforcer l'approvisionnement électrique

---

[1] Ce principe, consacré par l'arrêt CE, 1er juillet 1959, n°38893 Piard, pose qu'en matière de police administrative spéciale, une autorisation au titre d'une législation ne vaut pas autorisation au titre d'une autre législation. Au-delà, cette indépendance des législations conduit à examiner la conformité d'une autorisation qu'au regard de la législation de cette police spéciale. Ici, en prenant en compte des éléments de droit de l'urbanisme concernant une autorisation au titre d'une police spéciale environnementale, le juge revient sur la logique induite par ce principe d'indépendance des législations.

[2] CE, 15 avril 2021, n°430500, Société Les Moulins de Lohan, T. Lebon

de la Bretagne, jugé fragile. Dans un autre arrêt du 29 juillet 2022[1], le Conseil d'Etat va à nouveau se placer à l'échelle régionale pour constater la participation de l'installation aux objectifs de production. Le juge estime que ce parc d'éolien off-shore composé de soixante-deux aérogénérateurs d'une puissance totale de plus de 496 mégawatts permet la couverture de 8% de la consommation électrique de la région Pays de Loire. Selon Dorian Guinard, « *la presque totalité des décisions en la matière estime qu'il est nécessaire que le projet contribue de façon déterminante aux objectifs d'une région voire de l'Etat dans le développement des EnR. Dans la négative, les juges n'hésitent pas à annuler des projets faute de RIIPM* ». Notamment, le Conseil d'Etat a annulé dans un autre arrêt du 15 avril 2021, la dérogation accordée à une microcentrale hydro-électrique de 12 millions de kilowattheures, permettant l'approvisionnement de 5000 personnes. Le juge a estimé ici que la contribution à la production d'énergies renouvelables n'était pas suffisante[2]. On peut noter dans cette jurisprudence une tendance à l' « *objectivation* » des critères de la part du juge. En se fondant sur la puissance installée et la contribution significative, le juge rationalise son contrôle sur la base de critères techniques. Du fait de cet édifice jurisprudentiel rationalisé et « *technicisé* », il est probable que la mise en place, par la loi d'accélération des énergies renouvelables[3] d'un article L. 411-2-1 posant une présomption de RIIPM pour les installations de production et de transport d'énergie renouvelable, en fonction de critères techniques posés le

[1] CE, 29 juillet 2022, n°443420, Association Neny et autre, T. Lebon ; *JCP A*, oct. 2022, note Guinard

[2] CE, 15 avril 2021, n°432158, FNE Midi-Pyrénées

[3] Loi n°2023-175 du 10 mars 2023 relative à l'accélération de la production d'énergies renouvelables, JORF n°0060 du 11 mars 2023

décret ne change quasiment pas le droit positif[1]. En effet, les critères techniques du décret du 28 décembre 2023[2] reprennent largement les critères dégagés par la jurisprudence, notamment l'exigence d'une puissance installée minimale. Si la contribution significative aux objectifs du territoire n'est pas reprise, le décret reprend un critère similaire, limitant la puissance totale de l'installation à l'objectif maximal d'énergie renouvelable pour ce territoire, défini par le décret relatif à la programmation pluriannuelle de l'énergie.

48. Le Conseil d'Etat, par sa jurisprudence, a ainsi tenté d'établir une grille d'analyse et des critères déterminants par typologie de projet. Il l'a fait principalement pour les activités commerciales et les énergies renouvelables, étant donné qu'il ne s'est quasiment pas prononcé sur les autres types de projet, et où voit encore peu les juges du fond reprendre les critères posés dans certains arrêts[3]. Mais au-delà de cette appréciation par typologie de projet, en 2020, dans son arrêt *La Provençale*, le Conseil d'Etat a finalement tranché dans le sens d'une méthode d'appréciation générale des RIIPM, en reprenant l'expression de mise en balance du juge communautaire et de la CAA de Douai.

---

[1] D. Guinard, « La présomption de raison impérative d'intérêt public majeur des EnR », *JCP A*, 2023, n°16, pp. 14-17

[2] Décret n°2023-1366 du 28 décembre 2023, pris pour l'application, sur le territoire métropolitain continental, de l'article L. 211-2-1 du code de l'énergie et de l'article 12 de la loi n°2023-491 du 22 juin 2023 ; JORF n°0303 du 30 décembre 2023

[3] Par exemple le contentieux des RIIPM en matière de logement, où le Conseil d'Etat ne s'est prononcé qu'une seule fois (CE, 3 juillet 2020, n°430585, les jardins des Vaîtes) ou celui des RIIPM en matière d'équipements de de tourisme et de loisir, sans décision du Conseil d'Etat et avec des solutions très variables selon les juridictions

Section 2. Une tentative d'unification autour d'une fausse mise en balance : la consécration définitive de l'autonomie des raisons impératives ?

49. Finalement, la diversité des techniques d'identification et des approches des juges du fond concernant les raisons impératives d'intérêt public majeur a conduit le Conseil d'Etat, dans son rôle de juridiction suprême de l'ordre administratif[1], à vouloir harmoniser cette interprétation. Cependant, si cette harmonisation était largement attendue, elle est cependant relativement confuse (§1). Au-delà de la confusion dans les termes utilisés, il est clair que la volonté du Conseil d'Etat est d'exclure tout bilan coût-avantage, pour consacrer un contrôle à un seul plateau (§2).

§1 : Une harmonisation attendue mais confuse de la part du Conseil d'Etat

50.Une harmonisation attendue – L'harmonisation de la méthode d'identification par le Conseil d'Etat était largement attendue. Jusqu'en 2020, le Conseil d'Etat s'était relativement peu prononcé sur les RIIPM et surtout, il n'a pas profité du contentieux autour du centre commercial Val Tolosa pour établir une véritable solution de principe claire et applicable par les juridictions du fond. Pourtant, le recours en référé[2] et le pourvoi au fond[3] sont intervenus après l'arrêt de la CAA de Douai. Si sur le fond, ces arrêts du Conseil d'Etat semblaient privilégier une approche plus

[1] Article L. 111-1 CJA

[2] CE, 25 mai 2018, n°413267 Société PCE *Op. cit.*

[3] CE, 24 juillet 2019, n°414353, Société PCE *Op. cit.*

absolue, en ne mentionnant pas la mise en balance et en ne prenant pas en compte le degré d'atteinte aux espèces, ils ne permettent pas d'établir une grille d'analyse claire de la notion de RIIPM. De plus, une partie de la doctrine constate, dans son analyse du contentieux des dérogations espèces protégées, l'absence de définition précise des RIIPM. Ainsi, dans leur commentaire de l'arrêt *PCE* de 2019, Marie Clemendot et Arnaud Vermersch, avocats à la cour, estiment qu'« *il ne peut qu'être regretté que le Conseil d'Etat n'ait pas saisi l'occasion offerte par les conclusions des requérantes de saisir la CJUE d'une question préjudicielle afin d'obtenir une définition plus objective et sécurisante pour les acteurs de la construction* »[1]. La possibilité d'une question préjudicielle serait en effet intéressante, étant donné que la CJUE ne s'est jamais prononcée sur les RIIPM de l'article 16 de la directive Habitats, et que cette appréciation, pourrait varier de la mise en balance consacrée par l'arrêt Solvay[2] concernant les RIIPM en matière d'atteinte aux sites Natura 2000.

51. **Un arrêt de principe** – Le Conseil d'Etat s'est saisi du pourvoi en cassation concernant la dérogation accordée par le préfet des Pyrénées-Orientales le 3 février 2015 à la société La Provençale dans le cadre de la réouverture de la carrière de marbre de Nau Bouques. Cet arrêté a été annulé par le TA de Marseille[3], puis l'annulation a été confirmée en appel[4] considérant que cette réouverture ne répondait pas à une raison impérative d'intérêt public majeur. Dans ce

---

[1] M. Clemendot, A. Vermersch, « Dérogations à la protection des espèces protégées : vers un raidissement de la jurisprudence ? » *Dr. env.*, 2019, N°281, pp. 343-345

[2] CJUE, 16 février 2012, C-182/10, Marie-Noëlle Solvay e. a. c/ Région Wallonne

[3] TA de Marseille, 3 mai 2016, n°1502035

[4] CAA Marseille, 14 septembre 2018, 16MA02625, 16MA02626

pourvoi en cassation contre l'arrêt de la CAA de Marseille, Le Conseil d'Etat va d'une part, en suivant les conclusions de son rapporteur public, consacrer un nouveau considérant de principe, selon lequel « *Il résulte du point précédent que l'intérêt de nature à justifier, au sens du c) du I de l'article L. 411-2 du code de l'environnement, la réalisation d'un projet doit être d'une importance telle qu'il puisse être mis en balance avec l'objectif de conservation des habitats naturels, de la faune et de la flore sauvage poursuivi par la législation, justifiant ainsi qu'il y soit dérogé. Ce n'est qu'en présence d'un tel intérêt que les atteintes portées par le projet en cause aux espèces protégées sont prises en considération, en tenant compte des mesures de réduction et de compensation prévues, afin de vérifier s'il n'existe pas d'autre solution satisfaisante et si la dérogation demandée ne nuit pas au maintien, dans un état de conservation favorable, des populations des espèces concernées dans leur aire de répartition naturelle* ». Le Conseil d'Etat reprend donc dans sa jurisprudence l'expression de mise en balance consacrée par la jurisprudence de la CJUE, qui l'a rappelée dans un arrêt de Grande chambre en 2019[1], toujours dans le cadre de l'article 6 paragraphe 4 de la directive. D'autre part, le Conseil d'Etat fait une analyse classique du projet, conforme à sa jurisprudence antérieure pour considérer, cette fois-ci contre les conclusions de son rapporteur public, que la réouverture de la carrière répond à une RIIPM. Le Conseil d'Etat casse l'arrêt de la CAA de Marseille, en estimant que la création de 80 emplois directs dans un département avec un taux de chômage important, l'inscription de ce projet de réouverture dans une politique menée à l'échelle européenne et la qualité du gisement de marbre blanc conduit à reconnaître à ce projet comme répondant à une RIIPM. Sur ce terrain de l'appréciation *in*

---

[1] CJUE, 29 juillet 2019, C-411/17, Inter-Environnement Wallonie ASBL et BBLV c/ Conseil des ministres belge

concreto des caractéristiques du projet, il s'agit sinon d'un revirement, au moins d'une remise en cause de la jurisprudence antérieure. En effet, dans le contentieux Val Tolosa, le juge administratif avait estimé que le projet ne répondait pas à une raison impérative malgré la création de plus de 1500 emplois[1]. La dimension économique du projet semble prendre plus de poids qu'auparavant.

52. **Une consécration paradoxale de la mise en balance** – L'exigence d'une mise en balance dans l'appréciation des RIIPM affirmée par le Conseil d'Etat apparait dans un premier temps comme le choix de trancher dans le sens de l'appréciation relative consacrée par la CAA de Douai en 2015. En effet c'est cet arrêt qui, au nom du respect du droit communautaire, adoptait la mise en balance et entendait procéder à un bilan coût-avantage de l'opération faisant l'objet d'une dérogation. De plus, les conclusions du rapporteur public indiquent que pour éviter toute confusion, il serait judicieux d'abandonner l'usage des adjectifs « *exceptionnel* » et « *indispensable* »[2]. Cependant, comme le relève Jean-Roch Mauzy, dans cet arrêt, le Conseil d'Etat pose l'idée d'une mise en balance… sans mettre en balance : « *il ne suffit pas que le projet puisse être mis en balance, encore faut-il qu'il le soit* »[3]. Le Conseil d'Etat estime que ce n'est « *qu'en présence d'un tel intérêt* » (comprendre en présence d'une raison impérative d'intérêt public majeur) que les atteintes portées par le projet en cause aux espèces sont prises en compte. Cela revient à renier totalement la méthode adoptée par la CAA de Douai. Dans l'idée de la Cour et de son rapporteur public Jean-Michel Riou, la mise en balance implique effectivement de

---

[1] CE, 24 juillet 2019, n°414353, Société PCE *Op. cit.*

[2] O. Fuchs, concl. sous CE, 3 juin 2020, n°425395, Société La Provençale et Ministre de la Transition écologique et solidaire, p. 4

[3] J-R Mauzy, « *Sur la balance de l'intérêt public majeur, que pèsent les intérêts économiques et sociaux ?* », BDEI 2021, n°91, p. 55

mettre en balance d'un côté les avantages de l'opération et de l'autre l'atteinte aux espèces qu'elle implique. Au-delà de l'aspect sémantique, cet arrêt du Conseil d'Etat, en excluant la prise en compte du degré d'atteinte aux espèces de cette mise en balance, n'apporte aucun changement dans la manière d'apprécier les raisons impératives d'intérêt public majeur, et se place dans la continuité de sa jurisprudence antérieure.

53. Au regard de ce considérant de principe, il semble que le juge administratif ait consacré l'expression de mise en balance pour se donner une apparence conforme à la jurisprudence de la CJUE, bien que celle-ci ne vise pas clairement l'article 16 de la directive et donc l'article L. 411-2 du code de l'environnement. Comme le relève Pierre Chevillard, « *on regrette dès lors la maladresse de l'expression, que l'on imagine pourtant choisie* »[1]. Cependant, si cette jurisprudence est relativement confuse au regard des termes utilisés, une chose est claire, le Conseil d'Etat a clairement entendu détacher définitivement les RIIPM de la théorie du bilan coût-avantage.

§2 : L'exclusion de la méthode du bilan : un contrôle à un seul plateau

54. Le refus du bilan – Dans ses conclusions, Olivier Fuchs enjoint clairement le Conseil d'Etat à écarter le moyen d'erreur de droit soulevé selon lequel la CAA de Marseille aurait dû mettre en balance l'intérêt du projet et l'atteinte portée au patrimoine naturel. Le rapporteur reprend l'arrêt de la grande chambre de la CJUE *Inter Environnement*

[1] P. Chevillard, « Précisions sur les conditions d'obtention d'une dérogation espèces protégées », *Gaz. Pal*, 2020, n°28 p. 40

Wallonie[1] selon lequel un projet ne peut être majeur que lorsqu'il est « *d'une importance telle qu'il puisse être mis en balance avec l'objectif de conservation des habitats naturels (...) poursuivi par cette directive* ». Pour le rapporteur public, qui s'inspire de cette jurisprudence sur l'article 6 pour interpréter ce qui relève de la transposition de l'article 16, le plus important au fond n'est pas l'expression de « *mise en balance* » mais bien l'expression « *d'une importance telle* ». Ainsi, pour le rapporteur public « *nous n'y voyons donc ni un réel bilan, au sens de votre jurisprudence Ville Nouvelle-Est, ni une mise en œuvre du principe de proportionnalité comme cela est soutenu, mais seulement la nécessité que cet intérêt soit suffisamment caractérisé au regard de l'objectif de conservation pour permettre une dérogation. Ce n'est qu'après avoir caractérisé la raison impérative d'intérêt public majeur que les atteintes portées aux espèces seront précisément prises en compte* »[2]. Est clairement affirmée ici la distinction entre le contrôle des RIIPM et la technique du bilan coût-avantage. Il est paradoxal en revanche d'affirmer à la fois dans le même arrêt le détachement de tout bilan ou contrôle de proportionnalité et de consacrer l'expression de mise en balance. Cette confusion sape tout effort de clarification du Conseil d'Etat. Jean-Roch Mauzy relativise la portée de ces conclusions en notant que ces conclusions fournies d'Olivier Fuchs n'ont pas été suivies par le Conseil d'Etat[3]. Effectivement, alors que le rapporteur public concluait finalement au rejet du pourvoi contre la CAA de Marseille, le Conseil d'Etat casse l'arrêt, estimant qu'en ne

---

[1] CJUE, grande chambre, 29 juillet 2019, C-411/17, Inter-Environnement Wallonie ASBL *Op. cit.*

[2] O. Fuchs, concl. Sous CE, 3 juin 2020, n°425395, Société la Provençale, *Op. cit.* p. 3

[3] J-R Mauzy, « Sur la balance de l'intérêt public majeur, que pèsent les intérêts économiques et sociaux ? » *Op. cit.*

reconnaissant pas que la nature du projet et les intérêts économiques et sociaux de l'opération étaient constitutifs d'une RIIPM la CAA de Marseille a commis une erreur de qualification juridique des faits. Cependant, si le rapporteur public n'est pas suivi sur l'erreur de qualification, il est clair que le Conseil d'Etat a suivi les conclusions de son rapporteur sur les deux moyens d'erreur de droit, notamment le premier sur la nécessité ou non pour la CAA de réaliser un bilan pour identifier les RIIPM. Le considérant de principe de l'arrêt reprend clairement l'argumentation du rapporteur public, à savoir la consécration de l'idée de mise en balance, sans réaliser en pratique de bilan, et en excluant de l'appréciation les atteintes aux espèces.

55.Un contrôle dit de l' « importance telle » – Le Conseil d'Etat tranche donc en faveur d'une appréciation plus absolue que relative, à savoir un contrôle *in concreto* des caractéristiques du projet, sans prendre en compte le degré d'atteinte aux espèces. Récusant la logique du bilan coût-avantage, un niveau d'atteinte peu élevé ne permet pas d'autoriser un projet à l'intérêt peu élevé. Ce contrôle, détaché du bilan et du contrôle de proportionnalité est qualifié par François Benech et Cécile Rolland[1] de contrôle de « *l'importance telle* ». Le juge contrôle que le projet est d'une importance telle qu'il peut être mis en balance avec l'objectif de conservation de la directive. Mais dans le raisonnement, l'utilisation de la mise en balance est inutile et il revient au même de simplement dire que le projet doit être d'une importance telle « *qu'il justifie l'octroi d'une dérogation* »[2]. Par rapport au bilan coût-avantage, qui est une balance à deux plateaux, on peut voir ce contrôle de

---

[1] F. Benech, C. Rolland, « Grands projets et raison impérative d'intérêt public majeur » *Op. cit.*
[2] *Ibid.*

l'importance telle comme une balance à un seul plateau. Le juge, en examinant les caractéristiques du projet va « *peser* » le projet, et comparer ce poids constaté au poids qu'il estime suffisant, « en son for intérieur », pour justifier qui soit dérogé à la protection des espèces. Le choix de ce contrôle à un seul plateau a l'avantage d'être plus exigeant en matière de protection des espèces car le juge n'attend pas que le motif de la dérogation justifie seulement le degré d'atteinte mais qu'il justifie le principe même de l'atteinte au patrimoine naturel. Cette appréciation rejoint l'idée de la protection stricte des espèces. Si la présence d'une dérogation à la protection des espèces est une condition de l'acceptabilité sociale du dispositif de protection[1] et que la directive s'inscrit dans une logique de développement durable[2], le déclin de la biodiversité[3] et la difficulté des outils plus classiques à considérer l'intérêt environnemental – comme c'est le cas du bilan coût-avantage – doivent conduire à une législation véritablement protectrice de la biodiversité. C'est ce que fait ici le juge administratif. Reprenant l'idée d'un autre rapporteur public, Stéphane Hoynck, qui avait qualifié les RIIPM de « *marche élevée à franchir* »[4], Olivier Fuchs utilise l'image de la porte. La dérogation est une porte étroite, « *mais il faut tout de même qu'elle puisse de temps en temps être ouverte, sauf à perdre tout intérêt de la dérogation* »[5].

---

[1] C. Bardon, « L'intérêt public majeur : application par le juge national », *BDEI*, 2016, n°61, pp. 41-43

[2] Considérant 3, directive 92/43/CEE

[3] Agence européenne de l'environnement, EEA Report n°10/2020, State of nature in the EU. Results from reporting under the nature directives 2013-2018

[4] S. Hoynck, concl. sous CE, 24 juillet 2019, n°414353, Société PCE

[5] O. Fuchs, concl. sous CE, 3 juin 2020, n°425395, La Provençale, *Op. cit.* p. 6

56.Un manque d'éclaircissements – Cependant si le choix de ce contrôle de « *l'importance telle* » a l'avantage de permettre une meilleure protection des espèces, au-delà de l'exclusion de la méthode du bilan coût-avantage, cette jurisprudence ne permet pas d'harmoniser le contrôle juridictionnel des RIIPM. En effet, les modalités de ce contrôle sont extrêmement vagues, laissées à l'appréciation du juge, qui ne fournit pas de grille de lecture précise. Le seul apport de cette jurisprudence de principe, largement commentée, est d'exclure définitivement toute idée de bilan. Mais le changement rhétorique avec l'introduction de la mise en balance, ne précise pas ce contrôle et entraine un certain degré de confusion dans les termes, comme vu plus haut. Finalement, nous pouvons constater au regard de la jurisprudence postérieure à 2020 que le Conseil d'Etat est resté dans cette idée de dégager progressivement, type de projet par type de projet, des critères déterminants, qui pourront ensuite être repris par les juridictions du fond. Mais cette approche présence deux inconvénients. D'une part, cela implique un manque d'harmonisation des solutions au fond sur une longue période, le temps que le Conseil d'Etat se prononce sur un ensemble assez vaste de typologies de projet. D'autre part, cela peut progressivement conduire à une perte d'unité de la notion, interprétée différemment selon les types de projet et pouvant conduire à des degrés d'exigence divers selon les types de projet.

Conclusion du chapitre 2

57.L'évolution de la méthode d'identification des RIIPM, première condition d'obtention d'une dérogation au titre de l'article L. 411-2 par le juge administratif montre un détachement progressif vis-à-vis de l'appréciation de l'utilité publique et de la méthode du bilan coût-avantage. Si des incertitudes subsistent encore sur ce contrôle de l'importance telle et son manque de précision, il est clair en revanche que le juge administratif a exclu la technique du bilan, pour favoriser ce contrôle *in concreto* à un seul plateau, plus exigeant et donc plus protecteur de la biodiversité, admettant moins facilement que l'on déroge à la protection des espèces. Cependant, cette jurisprudence du Conseil d'Etat manque de précision pour harmoniser véritablement l'appréciation faite par les juges du fond, laissant la place, comme méthode de régulation juridictionnelle, à la détermination de critères déterminants par type d'opération, qui tend à rendre la jurisprudence peu lisible et pourrait conduire au développement d'une notion à plusieurs vitesses selon les secteurs.

Conclusion de la Partie I

58. Autant dans leur nature que dans la manière dont elles sont appréciées par le juge, les raisons impératives d'intérêt public majeur forment bien une notion autonome de l'utilité publique. D'abord, en tant qu'intérêt public qualifié, les RIIPM sont plus exigeantes que l'utilité publique, qui est un simple intérêt public calibré à une opération. Ensuite, le contrôle des RIIPM par le juge administratif, s'il reprend l'appréciation *in concreto* développée depuis la jurisprudence *Ville Nouvelle-Est* en matière d'expropriation pour cause d'utilité publique, ce contrôle a progressivement évolué pour se détacher du bilan coût-avantage. Malgré la reprise de l'expression de mise en balance, le Conseil d'Etat en refusant de considérer le degré d'atteinte aux espèces dans son appréciation des RIIPM, consacre un contrôle de l'importance telle, à un seul plateau, détaché de tout bilan. Si le juge administratif reprend l'expression de mise en balance sans véritablement mettre en balance, c'est dans l'idée de se rapprocher de la jurisprudence de la CJUE, qui estime que la constatation d'une RIIPM doit résulter d'une mise en balance du projet avec les objectifs de conservation de la directive. Cependant jusqu'à présent, la jurisprudence communautaire s'est uniquement développée dans le cadre des RIIPM relatives à l'article 6 paragraphe 4, à savoir la dérogation à l'interdiction de porter atteinte aux sites Natura 2000. Cette dérogation distincte de la dérogation à la protection des espèces implique de raisonner différemment et d'identifier, cette fois au niveau du droit européen, un second niveau d'autonomie dans l'interprétation des RIIPM de l'article L. 411-2, issu de l'article 16, par rapport aux RIIPM de l'article 6 paragraphe 4, transposé à l'article L. 414-4 du code de l'environnement, en matière de sites Natura 2000.

PARTIE II : L'AUTONOMIE DE LA NOTION EN DROIT DE L'UNION EUROPEENNE

59. Le juge administratif français s'est largement appuyé sur la jurisprudence de la CJUE pour construire son contrôle des raisons impératives d'intérêt public majeur. Ce contrôle des RIIPM par le juge administratif porte presque exclusivement sur les raisons impératives comme motif de dérogation à la protection des espèces, dans le cadre de l'article 16 de la directive Habitats, transposé à l'article L. 411-2 du code de l'environnement. Pourtant, la jurisprudence communautaire sur laquelle il s'appuie n'a porté jusqu'à présent que sur les RIIPM présentes à l'article 6 paragraphe 4, transposé à l'article L. 414-4 du code de l'environnement permettant de déroger à l'interdiction de porter atteinte aux sites Natura 2000. S'il est possible d'affirmer une unité interprétative de la notion, nous estimons que la différence du cadre dérogatoire nécessite d'opérer une distinction entre deux notions, deux « versions » des raisons impératives d'intérêt public majeur, qui doivent être interprétées de manière autonome. Ainsi, nous verrons dans un premier temps la nécessité de distinguer entre deux notions autonomes des RIIPM (**Chapitre 1**). Dans un second temps, nous verrons que si cette distinction entre deux interprétations autonomes est pertinente en théorie, dans la pratique le législateur et le juge ont opté pour une approche unifiée de la notion (**Chapitre 2**).

Chapitre 1 : La nécessité d'une distinction entre deux types de raisons impératives : les espèces et les espaces

60. Il nous paraît nécessaire de distinguer deux notions de RIIPM entre les RIIPM de l'article 6 et les RIIPM de l'article 16 de la directive Habitats, et de consacrer l'autonomie des RIIPM de l'article 16, transposé à l'article L. 411-2 du code de l'environnement, vis-à-vis de la jurisprudence de la CJUE relative à l'article 6 paragraphe 4. En effet, la jurisprudence communautaire consacre la mise en balance de l'intérêt public majeur avec les objectifs de la directive, si elle est pertinente dans le cadre de l'article 6 paragraphe 4, ne l'est pas forcément dans le cadre de l'article 16 et des dérogations à la protection des espèces, étant donné les différences de fonctionnement entre les deux dispositions dérogatoires aménagées par la directive. La nécessité de consacrer l'autonomie entre ces deux occurrences des RIIPM est palpable d'une part dans l'analyse de l'élaboration de la directive Habitats, qui montre que les deux dispositions dérogatoires n'ont pas été pensées ensemble (**Section 1**). Cette différence de cadre de dérogation dans lequel s'inscrivent chaque version des RIIPM entraine nécessairement une différence d'interprétation en pratique (**Section 2**).

Section 1. Une notion et un motif de dérogation élaboré dans le cadre des aires protégées

61. Les deux utilisations des RIIPM dans la directive Habitats interviennent dans un cadre dérogatoire différent. Si on revient à l'élaboration de la directive Habitats, il est clair que cette notion a été introduite avant tout pour permettre de déroger à la protection des sites Natura 2000. D'une part, est apparue la nécessité, au regard du droit international de l'environnement et de l'interprétation des dispositions de la directive Oiseaux d'introduire une dérogation pour motif économique (§1). L'apparition des RIIPM est intervenue de manière tardive dans les négociations du texte de la directive et n'a pas été introduite simultanément pour les sites Natura 2000 et pour espèces protégées (§2).

§1 : La nécessité d'introduire une dérogation pour motif économique

62. Absence de RIIPM dans la proposition de directive – Lorsque le 16 août 1988 est présentée la proposition de directive concernant la protection des habitats naturels et semi-naturels ainsi que de la faune et de la flore sauvage[1], il n'est fait aucune mention de raisons impératives d'intérêt public majeur. La directive ne sera adoptée que 4 ans plus tard, le 21 mai 1992, elle a donc fait l'objet d'une longue période d'élaboration et de négociations, qui ont profondément transformé le texte. Concernant les sites Natura 2000, la proposition de directive pose déjà le principe d'une évaluation des incidences de tout projet, plans ou programmes susceptibles d'avoir une incidence sur les zones de protection spéciales et les zones spéciales de conservation. Cependant, elle ne prévoit pas de dispositif pour admettre ou gérer les incidences négatives constatées par l'évaluation des incidences. Simplement, l'article 8 paragraphe 3 dispose que « *Les Etats membres peuvent permettre qu'il soit dérogé aux dispositions du paragraphe*

[1] Proposition de directive du Conseil concernant la protection des habitats naturels et semi-naturels ainsi que de la faune et de la flore sauvage

2, dans les limites de la superficie minimale nécessaire, lorsque l'incidence de la dérogation peut être contrebalancée de manière à n'avoir aucun effet néfaste sur la capacité de maintien des systèmes biologiques reliant les zones de protection spéciale ou sur les espèces dont la conservation ne peut être assurée par le seul moyen de la création de zones de protection spéciale »[1]. Concernant le second pilier de la directive, à savoir la protection des espèces, la proposition reprend déjà largement la structure et les dispositions de la Convention de Berne[2]. L'article 17, qui deviendra plus tard l'article 16 prévoit la possibilité de déroger au régime de protection stricte des espèces. Cet article pose déjà les deux conditions, à savoir l'absence de solution alternative satisfaisante et l'absence de nuisance à l'état de conservation favorable des espèces, et les cinq motifs que l'on retrouve dans le texte final de la directive. Cependant, le c) de l'article 17, qui est aujourd'hui le c) de l'article 16, dispose seulement comme motif de dérogation « *dans l'intérêt de la santé et de la sécurité publiques* ». Il n'y a alors aucune mention « *d'autres raisons impératives d'intérêt public majeur, y compris de nature sociale ou économique* »[3]. Pourtant, la Convention de Berne comprend déjà une disposition de la sorte dans son article 9 – qui sert largement de modèle à l'article 17 de la proposition – qui admet comme motif de dérogation « *dans l'intérêt de la santé et de la sécurité publiques, de la sécurité aérienne, ou d'autres intérêts publics prioritaires* ». On retrouve dans cet « *intérêt public prioritaire* » l'essence de l'intérêt public majeur. Mais il semblerait que la Commission européenne, dans sa proposition de directive se soit plutôt inspirée de la directive

---

[1] *Ibid.*

[2] Convention de Berne du 19 septembre 1979 relative à la conservation de la vie sauvage et du milieu naturel de l'Europe

[3] Article 16, paragraphe 1, c), directive 92/43/CEE du 21 mai 1992

Oiseaux de 1979, dont cette proposition se veut être un complément pour le reste des espèces d'intérêt communautaire qui ne bénéficient pas de protection.

63. **L'introduction d'un motif économique et social de dérogation sous l'influence de la CJCE** – Les raisons impératives d'intérêt public majeur, dans leur formulation comme dans leur concept, sont absentes de la proposition de directive. Cependant, comme le note Nicolas de Sadeleer[1], l'arrêt *Commission des Communautés européennes c/ République fédérale d'Allemagne*[2] du 28 février 1991 relatif à la directive Oiseaux et aux zones de protection spéciale (ZPS) a eu des conséquences importantes sur certaines dispositions de la directive Habitats et notamment sur l'introduction, dans le texte de la directive, des RIIPM. En l'espèce, la République fédérale d'Allemagne avait classé la zone littorale du Leybucht comme zone de protection spéciale au titre de l'article 4 de la directive Oiseaux. En 1985 fut adopté un plan de défense du littoral visant notamment à la construction d'une nouvelle digue et à l'élargissement du canal de navigation du port de pêche. Ces travaux ont entrainé des atteintes importantes aux espèces et aux habitats présents. La Commission européenne estimant que la RFA avait manqué à ses obligations de protection de la zone de protection spéciale en vertu de l'article 4 de la directive, a introduit le litige devant la CJCE. Se pose alors la question de la marge de manœuvre des Etats-membres concernant les atteintes aux zones de protection spéciale ainsi que les possibilités de réduction de leur périmètre. Dans ses conclusions

---

[1] N. De Sadeleer, « Droit communautaire de protection de la nature », *RJE* 1992/3, Vol. 17, pp. 351-368

[2] CJCE, 28 février 1991, C-57/89, Commission des Communautés européennes c/ République fédérale d'Allemagne

présentées le 5 décembre 1990[1], l'avocat général, M. Walter Van Gerven, estime que l'article 4 n'institue pas une interdiction absolue de diminuer la superficie des zones de protection spéciale, mais qu'il est nécessaire d'encadrer la marge d'appréciation des Etats membres, étant donné qu'en principe, le périmètre désigné de la zone était le plus approprié écologiquement. Pour l'avocat général, « *les Etats membres ne peuvent diminuer la superficie d'une zone classée en zone de protection que lorsqu'ils peuvent se prévaloir de raisons impératives répondant à un intérêt général supérieur à l'intérêt écologique visé par la directive, et supérieur également aux exigences économiques et récréatives visées à l'article 2 de la directive* ». C'est ici la genèse des raisons impératives d'intérêt public majeur. L'avocat général s'inspire en fait d'une disposition de la Convention de Ramsar sur les zones humides d'importance internationale[2] qui pose que « *Toute partie contractante a le droit a le droit (...) pour des raisons pressantes d'intérêt national, de retirer de la Liste ou de réduire l'étendue des zones humides déjà inscrites* »[3]. L'idée qui ressort de la proposition de l'avocat général est d'admettre une certaine marge de manœuvre aux Etats-membres, mais de l'assortir d'un critère exigeant, des raisons impératives répondant à un intérêt général supérieur. Également, on retrouve déjà une logique de mise en balance des intérêts, l'intérêt en cause devant être « *supérieur* » à l'intérêt écologique. La Cour ne va pas totalement suivre les conclusions de l'avocat général et développe une interprétation particulièrement stricte. La

---

[1] CJCE, 28 février 1991, C-57/89, Commission c/ Allemagne, conclusions de l'avocat général M. Walter Van Gerven, 5 décembre 1990, JOCE N°L103 p. 1

[2] Convention de Ramsar du 2 février 1971 relative aux zones humides d'importance internationale particulièrement comme habitat des oiseaux d'eau

[3] *Ibid.*, article 2(5)

Cour admet la faculté des Etats membres de réduire les zones de protection spéciale peut être justifiée par des raisons exceptionnelles. Pour la Cour « *Ces raisons doivent correspondre à un intérêt général supérieur à celui auquel répond l'objectif écologique visé par la directive. Dans ce contexte, les intérêts énoncés à l'article 2 de la directive, à savoir les exigences économiques et récréatives, ne sauraient entrer en ligne de compte* »[1]. Ainsi, la construction de la digue répond à une raison de sécurité publique, suffisamment sérieuse qui peut être admise tant que les mesures se limitent à ce qui est strictement nécessaire. En revanche, le tracé de la digue et l'aménagement du canal a été influencé par des considérations économiques d'amélioration du passage des bateaux de pêche, or selon la Cour, la prise en compte d'un tel intérêt est en principe incompatible avec les exigences de l'article 4.

64. La CJCE, en refusant d'admettre que des motifs économiques puissent justifier une réduction du périmètre de la zone de protection, fait prévaloir les intérêts d'ordre écologique sur les intérêts d'ordre économique[2]. Selon Nicolas de Sadeleer, cette interprétation particulièrement stricte, même si la Cour admet que cette interdiction de principe est tempérée en présence de mesures compensatoires, mise en comparaison avec la première proposition de directive Habitats va entrainer de nombreuses réticences, les Etats-membres trouvant son contenu trop contraignant à la lumière de cette jurisprudence[3]. Ainsi, au fil des négociations, le champ des dérogations, d'abord à l'interdiction de porter atteinte aux

---

[1] CJCE, 28 février 1991, C-57/89, *Op. cit.*

[2] N. De Sadeleer, « Droit communautaire de protection de la nature », *Op. cit.*, p. 356

[3] *Ibid.* p.365

sites Natura 2000 puis de porter atteinte aux espèces va s'élargir.

§2 : L'apparition précipitée des raisons impératives dans le projet de directive

65. L'apparition progressive de la notion dans les négociations – L'influence de l'arrêt de la CJCE peut être corroborée par l'apparition très tardive dans les négociations, des RIIPM. En effet, ni l'avis du Comité économique et social européen publié le 18 octobre 1990[1], ni les amendements proposés par le Parlement européen, publiés le 19 novembre 1990[2], ni la proposition modifiée de directive du 8 février 1991[3] qui transforme profondément certaines dispositions de la directive, n'introduisent de dérogation pour motif économique. Grâce aux comptes-rendus des débats du Conseil des communautés européennes (équivalent du Conseil des ministres de l'Union européenne), c'est le 28 février 1991, dans un texte de compromis de la Présidence du Conseil, qu'apparaissent pour la première fois les RIIPM. C'est dans l'article 6, intégralement refondu, qu'est intégré un article 6 paragraphe 4, qui pose que « *Si en dépit de conclusions négatives de l'étude d'impact et en l'absence de solutions alternatives, un plan ou un projet doit être réalisé pour des*

---

[1] Comité économique et social, avis 91/C 31/01 sur la proposition de directive du Conseil concernant la protection des habitats naturels et semi-naturels ainsi que de la faune et de la flore sauvages et sur les annexes complémentaires, JOCE N° C 31/1

[2] Parlement européen, proposition de directive du Conseil concernant la protection des habitats naturels et semi-naturels ainsi que de la faune et de la flore sauvages, JOCE n° C324/22

[3] Com(91) 27 final du 8 février 1991, modification à la proposition de directive du Conseil concernant la conservation des habitats naturels et semi-naturels ainsi que de la faune et de la flore sauvages

raisons impératives d'intérêt national, l'Etat membre prend toute mesure de cette nécessité pour assurer que la cohérence de Natura 2000 ne sera pas affectée »[1]. Il s'agit alors de « raisons impératives d'intérêt national », qui dès le 28 mai 1991 deviennent des raisons impératives d'intérêt public majeur[2]. La notion apparait donc le 28 février 1991, soit le même jour que l'arrêt Commission c/ RFA. Mais étant donné que les conclusions de l'avocat général étaient rendues publiques depuis le 5 décembre 1990, le déroulé des négociations constaté dans les archives du Conseil n'invalide pas la thèse de Nicolas de Sadeleer. De plus, durant les négociations, le 21 mars 1991, l'Allemagne a demandé que les dispositions de l'article 6 paragraphe 4 s'appliquent également au cas où la protection d'un site spécial est enlevée[3], ce qui avait conduit dans le cadre de la directive Oiseaux, à la condamnation de l'Allemagne par la CJCE deux mois plus tôt. Il y a donc une influence claire de la jurisprudence de la CJCE concernant la directive Oiseaux sur les négociations des dispositions de la directive Habitats. Enfin, le 12 juin 1991, suite à la demande de plusieurs délégations, notamment la Grande-Bretagne, la Présidence du Conseil a introduit une précision importante, il s'agit de raisons impératives d'intérêt public majeur « *de nature sociale ou économique* »[4]. Autre changement sémantique porteur de sens, les Etats-membres en vertu de l'article 6 §4 ne doivent plus prendre des mesures pour assurer « *le potentiel de conservation* » mais pour assurer

---

[1] Conseil des communautés européennes, note de transmission 7082/90 Env 144 du 28 février 1991

[2] Conseil des communautés européennes, résultats des travaux 5949/91 Env 134 du 28 mai 1991

[3] Conseil des communautés européennes, résultats des travaux, 5112/91 Env 87 Rev 1 du 8 avril 1991, p. 19

[4] Conseil des communautés européennes, addendum au document 6755/91 Env 180 du 12 juin 1991, p. 6

seulement « *la cohérence globale de Natura 2000* »[1]. Ces différentes modifications vont toutes dans le sens d'un assouplissement de dispositions jugées trop sévères par les Etats-membres et visent à garantir la place des intérêts économiques et sociaux face à l'émergence d'une protection plus stricte de l'intérêt environnemental[2]. Pour Nicolas de Sadeleer, ce dispositif dérogatoire offre « *un plus grand nombre d'échappatoires aux Etats membres que la mouture originale de l'article 4 et de l'interprétation qui en avait été faite par la Cour* »[3] dans le cadre de la directive Oiseaux.

66.L'ajout tardif de la notion à l'article 16 – Si au début de l'année 1991, près de 4 ans après le début des négociations, les RIIPM font leur apparition concernant les sites Natura 2000, à ce stade des négociations la notion n'a pas encore été introduite dans le second pilier de la directive, comme motif de dérogation à la protection des espèces d'intérêt communautaire. Les motifs de dérogation présents à l'article 16 reprennent la structure de l'article 9 de la directive Oiseaux et notamment le motif relatif à la santé publique et à la sécurité publique. À ce moment-là, la notion « *d'intérêts publics prioritaires* » présente à l'article 9 de la Convention de Berne[4] n'a pas de traduction dans la directive Habitats. Une vue d'ensemble des travaux préparatoires montre qu'il n'y a pas eu de véritable point de blocage entre les délégations concernant la partie du texte relative à la protection des espèces. Cependant, dans la version du texte validée par le Conseil « *Environnement* » le 12 décembre 1991, l'article 14 (futur article 16) a été

---

[1] *Ibid.*

[2] N. De Sadeleer, « Droit communautaire de protection de la nature » *Op. cit.* p. 365

[3] *Ibid.* p. 368

[4] Convention de Berne relative à la conservation de la vie sauvage et du milieu naturel de l'Europe du 19 septembre 1979

modifié et le c) s'est transformé pour devenir « dans *l'intérêt de la santé et de la sécurité publiques, ou pour des raisons impératives d'intérêt public majeur, y compris de nature sociale ou économique, et de considérations liées à des conséquences bénéfiques primordiales pour l'environnement* »[1]. C'est la formulation qui sera conservée – à quelques détails près de reformulation et de traduction – à l'article 16 et qui intègrera l'article L. 411-2 du code de l'environnement après la transposition de 2006.

67. Ainsi, les négociations de la directive Habitats, notamment les archives du Conseil des communautés européennes, permettent de voir l'apparition tardive dans les négociations des raisons impératives d'intérêt public majeur, certainement dans un but d'assouplissement des dispositions afin de ménager les intérêts économiques et en réaction à une jurisprudence stricte de la CJCE. Mais ces négociations permettent également de voir que la notion n'a pas été introduite au même moment concernant les atteintes aux sites Natura 2000 et les atteintes aux espèces. Si l'introduction de plus de souplesse concernant les atteintes aux sites Natura 2000 a fait l'objet de longues négociations, ce n'est pas le cas concernant le volet relatif à la protection des espèces, qui constituait une reprise de textes déjà adoptés, à savoir la Convention de Berne en droit international et la directive Oiseaux en droit européen, pour étendre la protection dévolue aux oiseaux au reste des espèces. Au final, les négociations ont principalement porté sur les modalités de désignation des zones spéciales de conservation, les modalités de financement de la directive et sur le dispositif dérogatoire à la protection des sites Natura 2000. L'introduction des RIIPM n'a donc pas fait l'objet d'une réflexion globale sur l'ensemble du texte,

[1] Conseil des communautés européennes, résultats de travaux 8557/91 Env 287 du 20 décembre 1991, p. 18

mais relève probablement d'une volonté d'harmoniser les termes de la directive et d'aménager de manière plus large les dispositifs dérogatoires de la directive. Ainsi, face à l'absence d'unité claire de la notion dans sa conception au moment des négociations, il peut être pertinent de réfléchir à une absence d'assimilation entre les deux notions, tant au niveau de leur nature que de leur méthode d'interprétation.

Section 2. Deux logiques de dérogation impliquant deux notions différentes en pratique

68. Les raisons impératives d'intérêt public majeur présentes à l'article 6 paragraphe 4 et à l'article 16 de la directive Habitats ne sont pas apparue au même moment dans les travaux préparatoires. Mais surtout, la distinction entre d'une part des raisons impératives justifiant l'atteinte aux sites Natura 2000 et d'autre part des raisons impératives justifiant de déroger à la protection stricte des espèces peut être admise par la différence entre les dispositifs dérogatoires dans lesquelles elles s'insèrent. Ces notions interviennent dans des cadres dérogatoires différents (§1) qui impliquent une interprétation différente (§2).

§1 : Des notions intervenant dans des cadres dérogatoires différents

69.La distinction entre les objectifs de conservation et l'état de conservation favorable – Les deux piliers de la directive, à savoir le réseau Natura 2000 et la protection stricte des espèces participent au même objectif, à savoir le maintien de la biodiversité dans une optique de développement durable[1] mais plus précisément, l'objectif écologique de ce texte est le rétablissement ou le maintien des habitats naturels et des espèces communautaires dans un état de conservation favorable[2]. Cependant, les dispositifs dérogatoires présents dans chacun des piliers de la directive n'interviennent pas dans le même cadre. L'article 6 paragraphe 4 admet qu'un projet puisse être réalisé en cas d'incidence négative sur un site Natura 2000 s'il répond à des RIIPM, en l'absence de solution alternative, et les Etats membres doivent prendre toute mesure compensatoire nécessaire pour assurer la cohérence du réseau Natura 2000. De l'autre côté, l'article 16 admet, parmi 5 motifs, que soit dérogé à la protection des espèces dans l'intérêt de la santé et de la sécurité publique ou pour d'autres raisons impératives d'intérêt public majeur, en l'absence de solution alternative satisfaisante et en l'absence de nuisance au maintien des populations des espèces concernées dans un état de conservation favorable. La CJUE a posé, dans sa jurisprudence Solvay[3] que « *l'intérêt de nature à justifier, au sens de l'article 6, paragraphe 4, de la directive « habitats », la réalisation d'un plan ou d'un projet doit être à la fois « public » et « majeur », ce qui implique qu'il soit d'une importance telle qu'il puisse être mis en balance avec l'objectif de conservation des habitats naturels, de la faune et de la flore sauvage poursuivi par cette directive* ». Il est possible de déduire de cette formule très générale relative aux dispositions concernant les sites Natura 2000 que le juge du Luxembourg fait référence, au-delà des objectifs généraux

---

[1] Considérant 3 de la directive 92/43/CEE qui précise que le but principal de la directive est de favoriser le maintien de la biodiversité, tout en tenant compte des exigences économiques, sociales, culturelles et régionales

[2] Considérant 6 de la directive 92/43/CEE

[3] CJUE, 16 février 2012, Marie-Noëlle Solvay *Op. Cit.*

de la directive, aux objectifs de conservation des sites Natura 2000. Selon 8ème considérant de la directive Habitats « *il convient, dans chaque zone désignée, de mettre en œuvre les mesures nécessaires eu égard aux objectifs de conservation visés* ». De plus selon l'article 6 paragraphe 3, l'évaluation des incidences Natura 2000 tient compte des incidences au regard des objectifs de conservation du site. La notion d'objectifs de conservation joue donc un rôle central dans l'admission des atteintes aux sites Natura 2000. Cependant, comme le relève Lucile Stahl[1], ces objectifs de conservation ne font l'objet d'aucune définition précise et satisfaisante, alors qu'il s'agit de la colonne vertébrale du réseau Natura 2000. Pour Lucile Stahl, il s'agit du résultat qui doit être atteint par chaque site, et la référence pour l'évaluation de toutes les activités humaines susceptibles d'avoir un effet sur un site et le point de référence pour l'élaboration et l'évaluation des mesures de conservation des sites. Cependant, même si les deux notions sont proches, il convient de distinguer les objectifs de conservation de l'état de conservation favorable. En effet, même si la frontière est ténue, les objectifs de conservation tendent à réaliser l'état de conservation favorable des espèces et des habitats. L'état de conservation favorable est un objectif général, auquel contribuent toutes les dispositions de la directive, tandis que les objectifs de conservation sont particuliers à chaque site du réseau Natura 2000.

70. **La mise en balance du projet avec les objectifs de conservation** – Ces objectifs de conservation correspondent donc à chaque site, zone spéciale de

---

[1] L. Stahl, « The concept of 'conservation objectives' in the Habitat Directive : a need for a better definition ? » in *The Habitats Directive in its EU Environmental Law Context : European Nature's best hope ?*, Routledge, Abingdon, Oxford 2014, pp. 56-70

conservation ou zone de protection spéciale, qui constituent le réseau Natura 2000. Cependant, ces objectifs de conservation sont différents selon les sites, et peuvent être plus ou moins ambitieux. Notamment, l'article 6 paragraphe 4 comprend deux alinéas. Le premier pose qu'il peut être porté atteinte à des sites Natura 2000 pour des raisons impératives d'intérêt public majeur, et le second pose que concernant les habitats et espèces prioritaires, les atteintes ne peuvent être justifiées qu'en cas de considérations liées à la santé de l'homme, à la sécurité publique à des conséquences bénéfiques pour l'environnement ou, après avis de la Commission, à d'autres raisons impératives d'intérêt public majeur. Ainsi, on a à faire à des degrés d'exigence différents dans les objectifs de conservation, selon le caractère prioritaire des habitats et des espèces. Cette gradation rend la mise en balance est pertinente. Selon la teneur des objectifs de conservation, il sera plus ou moins facile d'admettre qu'un projet répond à des RIIPM. Concernant la protection des espèces, il existe bien une gradation entre les espèces listées à l'annexe IV qui font l'objet d'une protection stricte[1] et les espèces listées à l'annexe V[2], pour lesquelles l'exploitation doit être compatible avec leur maintien dans un état de conservation favorable. Mais cette différence de degrés de protection des espèces protégées n'existe pas en droit français[3]. Ainsi, la tentative du juge administratif français dans le cadre de l'article L. 411-2 de mettre en balance le projet avec « *les objectifs de conservation des habitats*

---

[1] Article 12 Directive 92/43/CEE

[2] Article 14 Directive 92/43/CEE

[3] Voir M. Prieur et al. « Droit de l'environnement » *Op. cit.* p. 433 et s. Il existe des listes d'espèces protégées depuis la loi du 10 juillet 1976. Si certaines interdictions ne visent pas toutes les espèces protégées, pour autant ce découpage ne correspond pas à la distinction faite par la directive Habitats entre les annexes IV et V.

naturels et de la faune sauvage »[1] n'a pas de sens. Etant donné qu'il n'y a pas ici d'objectifs de conservation particuliers selon les espèces, qui pourraient être plus ou moins contraignants, le juge se réfère directement à l'objectif général de la directive à savoir le rétablissement ou le maintien des habitats et des espèces dans un état de conservation favorable sur leur aire de répartition. Pour déterminer si un projet répond à une RIIPM, il faut donc mettre en balance le projet avec l'état de conservation favorable de l'espèce. Pourtant, selon l'article 16 transposé à l'article L. 411-2, la dérogation ne peut être accordée qu'en l'absence de nuisance à l'état de conservation favorable. Or il n'est pas possible d'un côté d'admettre la présence d'une RIIPM en estimant, à l'issue de mise en balance, que l'intérêt du projet est supérieur au maintien dans un état de conservation favorable, et de l'autre contrôler que le projet ne nuise pas au maintien des espèces dans un état de conservation favorable. L'obligation d'éviter toute nuisance à l'état de conservation favorable des espèces pour obtenir une dérogation rend caduque toute utilisation d'une mise en balance, qui conduit *in fine* à faire primer l'intérêt du projet sur l'intérêt écologique.

71. La différence du cadre de dérogation entraine donc nécessairement une différence d'interprétation entre les RIIPM des articles 6 paragraphe 4 et 16. Si pour les sites Natura 2000, la mise en balance de l'intérêt du projet avec les objectifs de conservation telle qu'exigée par la CJUE, est pertinente, du fait de la gradation dans les objectifs de conservation, cette mise en balance ne peut pas être mise en œuvre dans le cadre de la protection des espèces, étant donné l'obligation pour le projet de ne pas nuire à l'état de conservation favorable des espèces. Il nous semble donc

[1] CAA Douai, 15 octobre 2015, 14DA02064, Ecologie pour le Havre *Op. cit.*

pertinent de distinguer entre deux « versions » des RIIPM et donc deux méthodes distinctes d'interprétation. L'intérêt d'une telle distinction est conforté par le degré d'exigence différent des RIIPM.

§2 : Des notions au degré d'exigence différent

72.**Les avis de la Commission** – Au niveau européen, il est difficile de comparer le degré d'exigence entre les raisons impératives de l'article 6 paragraphe 4 et les raisons impératives de l'article 16 étant donné que la CJUE ne s'est jamais prononcée sur les RIIPM de l'article 16. Cependant, les avis de la Commission en matière de RIIPM de l'article 6 montrent une appréhension relativement souple de la notion. Selon le second alinéa de l'article 6 §4 de la directive Habitats : « *Lorsque le site concerné est un site abritant un type d'habitat naturel et/ou une espèce prioritaires, seules peuvent être évoquées des considérations liées à la santé de l'homme et à la sécurité publique ou à des conséquences bénéfiques primordiales pour l'environnement ou, après avis de la Commission, à d'autres raisons impératives d'intérêt public majeur* » (c'est nous qui soulignons). La Commission européenne est donc amenée à rendre des avis se prononçant sur le fait de savoir si des projets répondent ou non à des RIIPM. 23 avis ont été rendus publics par la Commission européenne[1]. Ils ont été rendus entre 1995 et 2022. Cette liste semble être exhaustive, au moins depuis 2007[2]. Il s'agit la plupart

---

[1] https://ec.europa.eu/environment/nature/natura2000/management/opinion_en.htm

[2] Selon le fitness check SWD(2016) 472 final concernant la directive Habitats et la directive Oiseaux p. 34, entre 2007 et 2016, 9 avis ont été rendus sur le fondement du second alinéa de l'article 6(4), ce qui correspond au nombre d'avis rendus publics sur cette période

du temps de projets de grande ampleur, touchant principalement aux infrastructures de transport, notamment l'aménagement d'autoroutes[1], de lignes à grande vitesse (LGV)[2], de chenaux[3] ou encore d'aéroports[4]. Le document d'interprétation de la Commission relatif à l'article 6 §4[5] précise bien que ces avis sont des actes juridiques dépourvus de force obligatoire. Cependant, toujours selon ce document, il est raisonnable de la part des Etats-membres de tenir compte des remarques de la Commission, qui peut toujours contrôler en dernier ressort la conformité du plan ou du projet en cause avec les exigences du droit communautaires et, le cas échéant, engager les poursuites qui s'imposent[6]. Sur les 23 avis rendus entre 1995 et 2022, 22 avis reconnaissent que le projet répond à une RIIPM. Le seul cas où la Commission a refusé de reconnaître qu'un projet était justifié par des RIIPM portait sur la création d'une zone industrielle et commerciale de 140 hectares en Allemagne dans l'ancienne zone d'entraînement militaire de Trupbach. Dans cet avis[7], la Commission considère qu'il existe d'autres solutions alternatives qui n'ont pas été explorées de manière satisfaisante, et que si ce projet comporte un certain intérêt public, les arguments du porteur de projet ne sont pas assez convaincants quant aux avantages majeurs que présenterait la création d'un tel projet. Le reste du temps, la Commission a reconnu le caractère de RIIPM, y compris pour des projets

[1] Avis de la Commission du 11 juin 2010, C(2010) 3674 final
[2] Avis de la Commission du 17 septembre 2004, C(2004) 3460 final
[3] Avis de la Commission du 5 avril 2013, C(2013) 1871 final
[4] Avis de la Commission du 5 mai 2009, C(2009) 3218 final
[5] Document d'orientation concernant l'article 6, paragraphe 4, de la directive « Habitats », 26 avril 2012
[6] *Ibid.*
[7] Avis de la Commission du 24/04/2003 au sujet de la création d'une nouvelle zone d'entraînement militaire de Trupbach près de Siegen/Freudenberg (Rhénanie du Nord-Westphalie)

contestables, pour lesquelles elle émet de sérieuses réserves au sein même de l'avis, comme l'extension de l'exploitation du charbonnage Prosper Haniel en Allemagne dans un nouveau plan courant de 2001 à 2019[1]. La Commission prend soin de préciser que cet avis ne constitue pas une approbation d'un relâchement des efforts nationaux de l'Allemagne pour atteindre les objectifs convenus en matière de réduction des émissions de gaz à effet de serre[2]. Malgré tout, la Commission ne conteste pas le caractère de RIIPM en conclusion de son avis. Il ressort de la structure des 23 avis qu'au-delà de l'intérêt justifiant le projet, la Commission se concentre particulièrement sur la teneur et l'effectivité des mesures de compensation. En effet, la Commission va regarder si les mesures de compensations correspondent bien à l'importance écologique du site détruit. Dès lors, contrairement à la jurisprudence française relative à l'article L. 411-2, ici la raison impérative d'intérêt public majeur n'est plus vraiment le point nodal de la dérogation, alors même que la Commission est censée se prononcer sur le caractère de RIIPM du projet. On retrouve en quelques sorte cette idée « *d'acceptabilité compensée* » du projet[3]. La compensation des atteintes permet d'admettre l'intérêt du projet alors qu'en principe, il devrait s'agir de deux phases séparées de raisonnement. Cette concentration sur le niveau de compensation traduit à nouveau l'idée de gradation dans les sites Natura 2000 selon le niveau des objectifs de conservation, car le niveau de la compensation doit

---

[1] Avis de la Commission du 24/04/2003 relatif à l'approbation d'un plan cadre d'exploitation (Rahmenbetriebsplan) du charbonnage Prosper Haniel, exploité par Deutsche Steinkohle AG pour la période 2001-2019

[2] *Ibid.*

[3] E. Naim-Gesbert, « Droit Général de l'environnement. Introduction au Droit de l'environnement » *Op. cit.* p. 94

s'ajuster pour être au niveau des objectifs de conservation du site.

73. **Une mise en balance exigeante** – Cependant, si la CJUE a admis, en consacrant une mise en balance dans son arrêt Solvay, la possibilité de différence de niveau entre les intérêts permettant de justifier une atteinte à un site Natura 2000 selon le niveau des objectifs de conservation, cela n'a pas empêché la Cour d'en faire une lecture restrictive, rendant cette mise en balance peu permissive. La CJUE a eu l'occasion de démontrer le caractère exigeant des RIIPM malgré l'application d'une mise en balance dans son arrêt de grande chambre du 29 juillet 2019 *Inter-Environnement Wallonie ASBL*[1]. Dans cette décision préjudicielle, le litige portait sur le prolongement, par une série de loi belges, de la durée de fonctionnement de plusieurs centrales nucléaires, et sur la nécessité ou non, d'évaluer les incidences de ce prolongement au regard de la Convention d'Espoo[2], d'Aarhus[3], de la directive EIE[4] et des directives Habitats et Oiseaux. Dans la huitième question, la juridiction de renvoi demande si l'article 6 §4 doit être interprété dans le sens que l'objectif d'assurer l'approvisionnement en électricité d'un Etat membre constitue une RIIPM. Après avoir rappelé que le projet doit être à la fois « *public* » et « *majeur* » ce qui implique qu'il soit mis en balance avec l'objectif de conservation de la directive, la Cour de Luxembourg relève que selon l'article

[1] CJUE, grande chambre, 29 juillet 2019, C-411/17, Inter-Environnement Wallonie ASBL *Op. cit.*

[2] Convention d'Espoo du 25 février 1991 relative à l'évaluation de l'impact sur l'environnement dans un contexte transfrontière

[3] Convention d'Aarhus du 25 juin 1998 relative à l'accès l'information, la participation du public au processus décisionnel et l'accès à la justice en matière d'environnement

[4] Directive 2011/92/CE sur l'évaluation des incidences de projets sur l'environnement dite « EIE », JOUE L26/1 du 28 janvier 2012

194 TFUE, la sécurité d'approvisionnement énergétique de l'UE est un des objectifs fondamentaux de l'Union dans le domaine de l'énergie. Ainsi, cet objectif constitue une RIIPM. Cependant, pour la Cour, dans le cadre du second alinéa de l'article 6 paragraphe 4, à savoir si le projet risque de porter atteinte à un habitat ou une espèce prioritaire « *seule la nécessité d'écarter une menace réelle et grave de rupture de l'approvisionnement en électricité de l'Etat membre concerné est de nature à constituer (...) une raison de sécurité publique susceptible, en vertu de l'article 6, paragraphe 4, second alinéa, de cette directive, de justifier la réalisation du projet* ». De fait, alors que comme nous l'avons vu, la technique de la mise en balance conduit la plupart du temps à avoir une lecture plus relative et plus souple des intérêts permettant de déroger à la protection des intérêts écologiques, ici la CJUE en fait une lecture exigeante, en maintenant un seuil haut concernant les RIIPM du premier alinéa et en renforçant encore l'exigence concernant les RIIPM du second alinéa, fixant un seuil très haut, à nouveau encadré de plusieurs adjectifs qualificatifs : « *une menace réelle et grave de rupture* ». Cet arrêt important, rendu en grande chambre, montre que la technique de la mise en balance, interprétée strictement, est pertinente dans le cadre de l'article 6 paragraphe 4 de la directive, étant donné la différence de niveau et la gradation des objectifs de conservation selon les sites.

Conclusion du chapitre 1

74. L'analyse des deux notions de raisons impératives d'intérêt public majeur en droit européen permet de constater l'absence d'unité entre ces deux versions des RIIPM et l'autonomie des RIIPM de l'article 16 vis-à-vis des RIIPM de l'article 6 §4. L'introduction de cette notion dans le texte de la directive d'abord à l'article 6 vient avant tout comme une assurance pour les Etats-membres face à une jurisprudence particulièrement stricte de la CJCE concernant les possibilités pour les Etats d'admettre des atteintes à une zone de protection spéciale. Suite à l'adoption de la directive, la Cour de justice a construit une jurisprudence concernant l'article 6 §4 fondée sur l'idée d'une mise en balance, adaptée aux sites Natura 2000, prenant en compte les différences entre les objectifs de conservation selon chaque site et l'importance de la compensation dans le processus de dérogation. Il est clair cependant, étant donné le dispositif dérogatoire élaboré à l'article 16 que cette interprétation n'est pas pertinente dans le cadre des dérogations à la protection des espèces, qui doivent maintenir un état de conservation favorable des espèces, ce qui incompatible avec l'idée de mise en balance. Pourtant, si comme on vient de le voir, la différence de nature entre ces deux versions des RIIPM devrait conduire à une interprétation autonome des RIIPM de l'article 16, le juge et le législateur ont adopté une lecture unifiée de la notion, d'une part en donnant une interprétation jurisprudentielle unique et d'autre part par la multiplication de la technique de la présomption.

Chapitre 2 : Une unification apparente mais inopportune de l'interprétation de ces notions

75. Les différences entre les deux dispositifs dérogatoires dans lesquels s'insère le critère de raisons impératives d'intérêt public majeur, tant au niveau de leur élaboration que de leur contenu, nous ont conduit à privilégier une approche double, consistant en l'élaboration de deux méthodes distinctes d'interprétation des RIIPM selon la dérogation en cause et en distinguant l'interprétation de l'article 16 concernant les dérogations espèces protégées, de la jurisprudence de la CJUE exigeant que l'identification des raisons impératives résultent d'une mise en balance. Pour autant, il est clair que pour la Commission européenne, le législateur et le juge administratif français, il ne s'agit là que d'une seule et même notion, dont l'interprétation doit être unifiée au sein de la directive, et sans autonomie possible entre deux types de RIIPM. D'une part, l'interprétation de la Commission et du juge administratif français montre une volonté d'assimilation des deux versions des RIIPM (**Section 1**). D'autre part, le développement du mécanisme des présomptions tend également dans une certaine mesure à unifier l'interprétation de la notion selon certaines catégories de projet, vidant le pouvoir d'appréciation du juge (**Section 2**)

Section 1. L'assimilation globale des deux notions autour d'une méthode unique d'interprétation

76.L'analyse de la méthode d'interprétation des RIIPM par le juge administratif, guidé par les documents de la

Commission, montre le refus d'admettre deux versions autonomes des RIIPM, en assimilant les deux dispositifs dérogatoires autour d'une interprétation unifiée. D'abord, le juge administratif français ne fait aucune différence dans son raisonnement entre les RIIPM en matière de sites Natura 2000 et en matière d'espèces protégées (**§1**). D'autre part, la réutilisation importante, en matière d'espèces protégées, de la jurisprudence de la CJUE relative aux sites Natura 2000 conduit à une confusion globale dans les raisonnements de la Commission européenne et du juge administratif (**§2**)

§1 : Une assimilation opérée par le juge administratif français

77. Une interprétation identique des deux notions – L'analyse de la jurisprudence française en matière de raisons impératives montre une absence de distinction entre les RIIPM de l'article 6 paragraphe 4, transposé à l'article L. 414-4 du code de l'environnement et les RIIPM de l'article 16, transposé à l'article L. 411-2 du code de l'environnement. Le juge administratif, qu'il s'agisse d'un contentieux portant sur une dérogation espèce protégée ou sur une évaluation des incidences Natura 2000, utilise le même considérant de principe dégagé par le Conseil d'Etat dans ses arrêts *Société PCE*[1] et *La Provençale*[2]. La CAA de Nantes dans un arrêt de 2022[3] a repris à l'identique son raisonnement pour identifier des RIIPM concernant l'atteinte à un site Natura 2000 et concernant une dérogation espèce protégée. En l'espèce, plusieurs associations

---

[1] CE, 25 mai 2018, n°413267 Société PCE ; CE, 24 juillet 2019, n°414353, Société PCE *Op. cit.*

[2] CE, 3 juin 2020, n°425395, La Provençale *Op. cit.*

[3] CAA de Nantes, 5 avril 2022, 19NT02389, Association NACICCA

contestaient l'autorisation environnementale délivrée pour la construction et l'exploitation d'un parc éolien en mer au large de la commune de Port-Saint-Louis-du Rhône. La Cour a rejeté les demandes d'annulation, estimant que les arrêtés contestés ne méconnaissent pas les dispositions des articles L. 411-2 et L. 414-4 du code de l'environnement. Notamment, la CAA de Nantes a estimé que la nécessité de développer les énergies renouvelables, le fait qu'il s'agisse d'un parc éolien flottant et non pas posé en mer et le caractère expérimental de ce parc soutenu par l'ADEME et l'UE faisaient que ce projet répond à une raison impérative d'intérêt public majeur[1]. Le juge a largement développé son raisonnement concernant l'article L. 414-4 et s'est contenté, concernant l'article L. 411-2, de renvoyer aux précédents développements concernant l'article L. 414-4[2]. Concernant le raisonnement du juge, il s'appuie sur toute la jurisprudence du Conseil d'Etat relative à l'article L. 411-2. D'une part, le juge reprend le considérant de principe dégagé par l'arrêt *La Provençale*. Cependant, de façon curieuse, contrairement à l'expression consacrée en 2020 et reprise largement par les juridictions administratives, ici le juge nantais refuse d'utiliser l'expression de « *mise en balance* », préférant celle de « *mise en perspective* ». Cela traduit une nouvelle fois, même si cette formulation semble peu courante dans la jurisprudence administrative, la réticence d'une partie des juges à manier ce concept de mise en balance dans le cadre des dérogations espèces protégées, même lorsque cette dernière a été vidée de son contenu par le Conseil d'Etat[3]. D'autre part, le juge, y compris pour les sites Natura 2000, se repose sur la jurisprudence largement développée en matière d'énergies renouvelables, reprenant les mêmes critères déterminants de puissance installée et

[1] *Ibid.*, points 29 à 33
[2] *Ibid.*, point 53
[3] CE, 3 juin 2020, n°425395, La Provençale, *Op. Cit.*

des objectifs européens de développement des énergies renouvelables[1]. Le raisonnement identique concernant les deux articles et l'utilisation de la jurisprudence relative aux dérogations espèces protégées comme fondement traduit l'absence de distinction pour le juge.

78. **Un contentieux des RIIPM très faible dans le cadre des sites Natura 2000** – Si cet arrêt de la CAA de Nantes permet d'identifier une assimilation entre les deux notions, il n'est pas possible pour autant de systématiser cette méthode de raisonnement au reste des juridictions administratives étant donné l'absence de jurisprudence. En effet, si les sites Natura 2000 sont à l'origine d'un contentieux nourri en France[2], notamment fondé sur l'article L. 414-4, ce contentieux ne porte pratiquement jamais sur les RIIPM. Les annotations de jurisprudence présentes dans la version annotée et commentée du code de l'environnement[3] permettent de constater que ce contentieux porte principalement sur la nécessité de réaliser ou non une évaluation des incidences Natura 2000 et sur le contenu de cette évaluation des incidences. Cependant, concernant la dérogation en cas de conclusions négatives de l'évaluation des incidences, le contentieux porte surtout sur la nécessité de demander au préfet la dérogation et sur la

---

[1] D. Guinard, « L'articulation jurisprudentielle d'impératifs environnementaux antagoniques : quand la préservation de la biodiversité protégée s'oppose (ou non) au développement d'énergies renouvelables. Le contrôle par le juge administratif du développement des EnR dans le cadre de la dérogation « espèces protégées » », *RLC* 2022, n°121, pp. 41-43

[2] « Fasc. 3820 : Réseau Natura 2000 – Constitution, régime de protection » in Jurisclasseur Environnement et Développement durable, Lexis-Nexis, 13 juillet 2020

[3] E. Dejean, C. Cans, J. Makowiak, S. Jolivet, « Code de l'environnement annoté & commenté », Paris, Dalloz, 2023, 26ème édition

teneur des mesures de compensation[1]. Comme pour les avis de la Commission européenne en cas d'atteinte à un habitat ou une espèce prioritaire dans le cadre du second alinéa de l'article 6 paragraphe 4, l'attention est avant tout portée sur les mesures de compensation, et pas sur les raisons impératives d'intérêt public majeur.

79. Cette assimilation entre les deux notions par le juge administratif français vient donc de deux facteurs. D'abord, le faible nombre de litiges n'a pas donné l'occasion au juge d'envisager une distinction entre les deux notions. Ensuite, la présence d'une jurisprudence préétablie, fixant des critères déterminants selon les projets a permis au juge de se reposer sur un raisonnement déjà largement usité. Néanmoins, le faible nombre d'arrêts à analyser ne permet pas d'identifier un raisonnement global de la part du juge, même s'il est logique que ce dernier se repose sur la jurisprudence des dérogations espèces protégées. Mais si le juge administratif utilise sa jurisprudence concernant les espèces dans le cadre des sites Natura 2000, la confusion s'est surtout amplifiée par la référence du juge administratif à la jurisprudence de la CJUE concernant les sites Natura 2000 dans ses arrêts concernant la légalité des dérogations espèces protégées.

§2 : Une confusion globale autour de la reprise de la jurisprudence de la CJUE

80. Au-delà de l'assimilation entre les deux notions par le juge administratif, qui applique le même raisonnement concernant les espèces et les espaces, la reprise et l'application de la jurisprudence de la CJUE – jusqu'alors uniquement développée dans le cadre des atteintes aux sites

[1] *Ibid.*

Natura 2000 – dans le contentieux des dérogations espèces protégées, conduit à une confusion dans les raisonnements et à un manque de clarté dans la méthode d'interprétation des RIIPM. Cette confusion se retrouve autant dans la reprise de cette jurisprudence par la Commission dans ses guides d'interprétation que par le juge administratif, notamment dans les conclusions des rapporteurs publics.

81. **Une confusion dans le raisonnement de la Commission** – La Commission européenne adopte de nombreux actes dépourvus de portée normative[1], dont le but est d'orienter ou de faciliter l'application des textes de droit de l'Union européenne. Ces recommandations et guides d'interprétations, sont nombreux et importants en droit européen de l'environnement[2]. Selon une étude, la directive Habitats à elle seule fait l'objet, pour sa transposition et son application de pas moins de 16 « *guidance documents* »[3]. Plus particulièrement, 4 documents intéressent l'interprétation des RIIPM. Il s'agit deux documents d'orientation concernant l'article 6, un de 2012[4] et un autre de 2019[5], et deux documents concernant l'article 16, le

---

[1] J-L. Clergerie, A. Gruber, P. Rambaud, T. Rambaud, « Droit institutionnel et matériel de l'Union européenne », Dalloz, Paris, 2022, 14ème ed. (Précis, Droit public, Science politique), p. 268

[2] D. Petropoulou Ionescu, M. Eliantonio, « Words are stones : constructing bindingness trough language in EU environmental soft law » *in The legal effects of EU soft law : theory, language and sectoral insights into EU multi-level governance* (Forthcoming), (SSRN Version), p. 3

[3] *Ibid.*, p. 9

[4] Commission européenne, « Document d'orientation concernant l'article 6, paragraphe 4, de la directive « Habitats » », 26 avril 2012

[5] Commission européenne, « Gérer les sites Natura 2000. Les dispositions de la directive « Habitats » (92/43/CEE) », 2019/C 33/01, 25 janvier 2019

premier de 2007[1] et le second de 2021[2]. Dans cette dernière note, la Commission explique que « *jusqu'à présent, la Cour n'a pas produit de jurisprudence sur la manière d'interpréter cette notion spécifique, mais on peut considérer que la démonstration des considérations majeures liées à un plan ou à un projet devrait aussi s'appliquer aux dérogations* »[3]. La Commission reprend explicitement la jurisprudence de la CJUE portant sur l'article 6 §4 pour l'appliquer aux dérogations espèces protégées et affirme donc que les intérêts de nature à justifier la dérogation à la protection des espèces soient mis en balance avec l'objectif de conservation de la directive. La Commission souhaite clairement donner une interprétation unique à la notion. Pour autant, elle ne fournit aucune grille d'interprétation claire et satisfaisante. Dans les guides d'interprétation, elle reconnaît que la directive ne fournit aucune définition de la notion et tente de rapprocher les RIIPM d'autres notions de droit européen[4], notamment les « *exigences impératives* » dégagées par la CJCE à partir de la jurisprudence Cassis de Dijon[5] ou encore la notion de service d'intérêt économique général. En comparant les évolutions entre les différents documents d'orientation, il apparait que la Commission ne sait pas comment distinguer le caractère « *majeur* » et le caractère « *impératif* » dans les raisons impératives d'intérêt public majeur. Dans le guide de 2007, la Commission met l'accent sur le caractère

---

[1] Commission européenne, « Document d'orientation sur la protection stricte des espèces animales d'intérêt communautaire en vertu de la directive « Habitats » 92/43/CEE », février 2007

[2] Commission européenne « Document d'orientation sur la protection stricte des espèces animales d'intérêt communautaire en vertu de la directive « Habitats » », C(2021) 7301 final, 12 octobre 2021

[3] *Ibid.*

[4] Commission européenne, « Document d'orientation concernant l'article 6 paragraphe 4 », 2012, *Op. cit.*

[5] CJCE, 20 février 1979, aff. 120/78, Cassis de Dijon

impératif qui doit être mis en regard avec l'importance des intérêts de la directive. En 2021[1], la Commission met l'accent sur le caractère majeur, afin de trouver un équilibre approprié avec l'intérêt public général consistant à atteindre les objectifs de la directive. Ce changement trahit l'absence de distinction claire pour la Commission, entre la signification des termes « *majeur* » et « *impératif* ». Cependant, malgré cette confusion dans la méthode d'interprétation à adopter, il est clair que par le biais de ces documents dépourvus de portée normative, la Commission milite pour une absence d'autonomie et une interprétation unifiée de la notion de RIIPM.

82. **Une confusion dans le raisonnement du juge administratif** – Il est plus dur de déceler cette lecture unifiée chez le juge administratif, notamment du fait du faible nombre de décisions. Pour autant, dans leurs conclusions, les rapporteurs publics se fondent largement sur la jurisprudence de la CJUE, particulièrement les arrêts *Solvay*[2] et *Inter Environnement Wallonie*[3]. Dans ses conclusions sous l'arrêt *Ecologie pour le Havre* de la CAA de Douai[4], le rapporteur public Jean-Michel Riou fonde sa proposition de mise en balance de l'intérêt du projet avec le degré d'atteinte aux espèces sur l'arrêt Solvay en matière de sites Natura 2000. Également, Olivier Fuchs dans ses conclusions sous l'arrêt *La Provençale*[5] trace des « *lignes de force* » de la notion de RIIPM, en se fondant sur la jurisprudence du Conseil d'Etat et la jurisprudence de la CJUE. La réutilisation par le Conseil d'Etat du critère de la

---

[1] Commission européenne, C(2021) 7301 final, *Op. cit.*

[2] CJUE, 16 février 2012, C-182/10, *Op. cit.*

[3] CJUE, grande chambre, 29 juillet 2019, C-411/17, Inter Environnement Wallonie ASBL *Op. cit.*

[4] CAA Douai, 15 octobre 2015, 14DA02064, *Op. cit.*

[5] O. Fuchs, concl. sous CE, 3 juin 2020, n°425395, Société La Provençale

mise en balance dans sa jurisprudence concernant les dérogations espèces protégées à partir de *La Provençale*, donne le sentiment que le juge administratif français souhaite se conformer à l'interprétation faite par la CJUE[1], alors que cette dernière ne s'est jamais prononcée sur les RIIPM dans le cadre des dérogations espèces protégées. Pour autant, comme vu plus haut, le Conseil d'Etat donne seulement l'impression de se conformer en apparence, puisque derrière ce changement cosmétique, cet arrêt n'a absolument pas changé le mode de raisonnement du juge administratif en matière de RIIPM. Cette assimilation des deux versions des RIIPM et la reprise de la jurisprudence de la CJUE en matière de sites Natura 2000 s'explique d'abord par l'absence de jurisprudence au niveau européen sur les RIIPM et l'article 16 de la directive. Face à ce vide concernant un contentieux important fondé sur un texte de droit européen, le juge administratif s'est reposé sur cette jurisprudence très proche. De plus, l'utilisation, notamment par les rapporteurs publics, des guides d'interprétation produits par la Commission européenne[2] influence nécessairement le juge dans le sens d'une assimilation de ces deux versions des RIIPM et d'une absence d'autonomie.

83. Si nous avons vu qu'au regard de la logique des deux dispositifs dérogatoires de la directive Habitats, il était pertinent d'interpréter de manière différente les RIIPM permettant de déroger à la protection des sites Natura 2000 et les RIIPM permettant de déroger à la protection stricte des espèces, il est clair que, face à l'absence de jurisprudence de la CJUE, la Commission européenne et le

---

[1] J-R Mauzy, « *Sur la balance de l'intérêt public majeur, que pèsent les intérêts économiques et sociaux ?* », *BDEI* 2021, n°91, p. 55

[2] V. notamment S. Hoynck, concl. Sous CE, 30 décembre 2021, n°439766, Société Sablières des Millières

juge administratif français préfèrent opérer une assimilation des deux versions de la notion pour en délivrer une interprétation uniforme. Au-delà, le développement des présomptions de raison impérative d'intérêt public majeur en droit français et en droit européen tend également à unifier la notion de RIIPM et au-delà, à se substituer à l'appréciation du juge.

Section 2. Présomption d'intérêt supérieur : une unification de la notion en apparence

84. Depuis peu, un tournant en matière d'interprétation des raisons impératives a consisté à reconnaître pour certains types de projet une présomption de RIIPM ou « *d'intérêt supérieur* ». Si cette reconnaissance a pour but de faciliter l'obtention d'une dérogation, en substituant un critère fixe à l'appréciation du juge et participe à unifier l'interprétation de la notion (§1), cette stratégie de réduction de contentieux semble finalement condamnée à être inefficace (§2).

§1 : La technique de la présomption comme substitut à l'appréciation du juge

85. La technique nouvelle de la présomption – La présomption d'intérêt supérieur est d'abord apparue en droit européen, et est depuis largement reprise en droit français. La présomption permet d'inverser la charge de la preuve. Selon l'article 1354 du Code civil « *la présomption que la loi attache à certains actes ou à certains faits en les tenant pour certains dispense celui au profit duquel elle existe d'en rapporter la preuve* ». Le but de la présomption est donc d'inverser la charge de la preuve, et d'avantager son bénéficiaire dans le cadre d'un contentieux. L'utilisation d'une présomption d'intérêt supérieur est d'abord apparue dans le cadre des énergies renouvelables. Dans le contexte des menaces pour la souveraineté énergétique de l'Union européenne que représente la guerre en Ukraine, la Commission a adopté le plan REPowerEU par le biais d'une communication[1]. Ce plan traduit la volonté de renforcer la souveraineté énergétique de l'Union, également en lien avec l'objectif de neutralité carbone[2], en accélérant le développement de la production d'énergie renouvelable. La Commission a publié une proposition de directive[3] et le 22 décembre 2022 a été adopté un règlement d'urgence[4], valable pour une durée de 18 mois. Ce règlement d'urgence pose à son article 3 que « *sont présumés relever de l'intérêt public supérieur et de l'intérêt de la santé et de la sécurité publiques lors de la mise en balance des intérêts juridiques dans chaque cas, aux fins de l'article 6, paragraphe 4, de l'article 16, paragraphe 1, point c), de la directive 92/43/CEE du Conseil, de l'article 4, paragraphe 7, de la directive 2000/60/CE du Parlement européen et du Conseil et de l'article 9, paragraphe 1, point a), de la directive 2009/147/CE du Parlement européen et du Conseil* ». Le but ici est de faciliter les démarches des porteurs de projet en matière d'énergies renouvelables. Ce n'est plus au porteur de projet de prouver auprès de l'administration que son projet répond bien à une raison impérative, il revient au requérant qui conteste la légalité de la dérogation d'apporter la preuve que le projet ne répond pas à un intérêt supérieur.

---

[1] Commission européenne, Com(2022) 230 final, « Plan REPowerEU », 18 mai 2022

[2] Commission européenne, Conseil, Com(2021) 550 final « Fit for 55 », 14 juillet 2021

[3] Commission européenne, Com(2022) 222 final, 18 mai 2022

[4] Règlement 2022/2577 du Conseil du 22 décembre 2022 établissant un cadre en vue d'accélérer le déploiement des énergies renouvelables

Ce dispositif, prévu à l'origine pour 18 mois, adopté dans un climat de tension très forte du fait du déclenchement de la guerre en Ukraine, a été prolongé par l'article 16 de la directive 2023/2413 du 18 octobre 2023[1], qui maintient le dispositif « *jusqu'à ce que la neutralité climatique soit atteinte* ». Si cette présomption est avant tout issue d'un contexte d'urgence énergétique, elle rejoint à présent plus nettement les objectifs climatiques de l'Union. Il existe deux types de présomption, toujours selon l'article 1354 du code civil, les présomptions simples et les présomptions irréfragables. Les présomptions simples peuvent être renversées si une preuve contraire est apportée, contrairement aux présomptions irréfragables. Ici, le règlement précise clairement à son considérant 8 qu'il s'agit d'une présomption simple. La mise en place de cette présomption au niveau du droit européen, directement applicable puisqu'il s'agit d'un règlement[2], vient se substituer à l'appréciation des juges et unifie l'interprétation des raisons impératives selon qu'il s'agisse d'une atteinte aux sites Natura 2000 ou d'une dérogation à la protection des espèces. La présomption prend donc le pas sur la détermination prétorienne des juges, ciblée sur un projet, et vient en donner une définition plus générale, en matière d'énergie renouvelables, identique selon les deux occurrences des RIIPM. Cette unification, qui va au-delà de la directive Habitats et qui vise également la directive Oiseaux ainsi que la directive-cadre sur l'eau[3] généralise

---

[1] Article 16 *septies* de la directive (UE) 2023/2413 du Parlement et du Conseil du 18 octobre 2023 modifiant la directive (UE) 2018/2001, le règlement (UE) 2018/1999 et la directive 98/70/CE en ce qui concerne la promotion de l'énergie produite à partir de sources renouvelables, et abrogeant la directive (UE) 2015/652 du Conseil

[2] Article 288 TFUE

[3] Directive 2000/60/CE du 23 octobre 2000 établissant un cadre pour une politique communautaire dans le domaine de l'eau ; JOCE n°L327/1 du 22 décembre 2000

l'appréciation de l'intérêt public majeur, en le détachant de l'appréciation *in concreto* et casuistique, qui est pourtant plus pertinente et protectrice des intérêts environnementaux, comme vu plus haut.

86.La multiplication des présomptions en droit français – Depuis l'adoption du règlement d'urgence REPowerEU, les dispositifs de présomption de RIIPM se sont multipliés en droit français. Cependant, contrairement au droit européen, ces présomptions ne valent que pour les raisons impératives de l'article L. 411-2. Le droit français n'unifie donc pas les deux versions des RIIPM autour d'une seule définition. La focalisation du législateur sur l'article L. 411-2 s'explique par l'objectif de ces présomptions, à savoir l'accélération et la sécurisation des projets, qui conduit donc à tenter de circonscrire les RIIPM en matière de dérogations espèces protégées, source de nombreuses annulations[1]. Cependant, alors que le règlement d'urgence en matière d'énergies renouvelables est d'application directe pour 18 mois, nous avons vu que le législateur français a copié le dispositif en droit interne avec l'insertion dans le code de l'environnement, par la loi du 10 mars 2023 relative à l'accélération de la protection d'énergies renouvelables[2] d'un article L. 411-2-1. Selon cet article : « *Sont réputés répondre à une raison impérative d'intérêt public majeur, au sens du c du 4° du I de l'article L. 411-2 du présent code, les projets d'installations de production d'énergies renouvelables ou de stockage d'énergie dans le système électrique satisfaisant aux conditions prévues à l'article L. 211-2-1 du code de l'énergie* ». En application de ce nouvel

---

[1] M. Massol, « Les dérogations aux interdictions relatives aux espèces protégées. Analyse du contentieux » *Op. cit.*

[2] Loi n°2023-175 du 10 mars 2023 relative à l'accélération de la production d'énergies renouvelables ; JORF n°0060 du 11 mars 2023

article a été adopté un décret le 28 décembre 2023[1], qui, en matière d'énergies renouvelables, a largement repris les critères dégagés par la jurisprudence administrative, à savoir d'un côté une puissance prévisionnelle minimale et de l'autre le respect d'un objectif territorialisé. En matière d'installations nucléaires, l'article 12 de la loi du 22 juin 2023 relative à l'accélération des procédures liées à la construction de nouvelles installations nucléaires[2] dispose, sur le modèle de loi d'accélération des énergies renouvelables, que « *la réalisation d'un réacteur électronucléaire répondant aux conditions, notamment de puissance et de type de technologie, définies par décret en Conseil d'Etat est constitutive d'une raison impérative d'intérêt public majeur, au sens du c du 4° du I de l'article L. 411-2 du code de l'environnement* ». La présomption la plus large est celle mise en place par la loi Industrie Verte[3]. Cette présomption est en fait double. La reconnaissance par décret au titre de l'article L. 300-6-2 du code de l'urbanisme concerne « *Un projet industriel qui revêt, eu égard à son objet et à son envergure, notamment en termes d'investissement et d'emploi, une importance particulière pour la transition écologique ou la souveraineté nationale* ». Une liste limitative de secteurs pouvant bénéficier de cette disposition a été introduite à l'article R. 300-14 du

[1] Décret n°2023-1366 du 28 décembre 2023, pris pour l'application, sur le territoire métropolitain continental, de l'article L. 211-2-1 du code de l'énergie et de l'article 12 de la loi n°2023-491 du 22 juin 2023 ; JORF n°0303 du 30 décembre 2023

[2] Loi n°2023-491 du 22 juin 2023 relative à l'accélération des procédures liées à la construction de nouvelles installations nucléaires à proximité de sites nucléaires existants et au fonctionnement des installations existantes ; JORF n°0144, 23 juin 2023

[3] Loi n°2023-973 du 23 octobre 2023 relative à l'Industrie Verte ; JORF n°0247 du 24 octobre 2023

code de l'urbanisme par un décret du 5 juillet 2024[1], comprenant entre autres les technologies de décarbonation du bâtiment, des mobilités, de l'industrie, ou le secteur de l'économie circulaire. Mais la présomption figurant à l'article L. 122-1-1 du code de l'expropriation pour cause d'utilité publique est bien plus large, puisqu'elle vise les projets industriels au sens large. Ici la présomption consiste en une assimilation entre utilité publique et raison impérative, puisque la DUP du projet industriel peut valoir reconnaissance du caractère de RIIPM. La seconde présomption, présente dans le code de l'expropriation, est bien plus large car elle va bien au-delà des projets dits « *d'Industrie verte* », que la loi voulait favoriser, pour s'appliquer à un très large éventail de projets. Cette nouvelle présomption pourrait réduire substantiellement, dans la plupart des contentieux d'une certaine ampleur, l'appréciation prétorienne du juge, d'autant plus que dans les deux cas, la loi aménage la divisibilité de la RIIPM du contentieux de la dérogation espèces protégées. Enfin, on peut questionner la qualité purement légistique de la loi puisque la présomption du code de l'expropriation n'est pas mentionnée à l'article L. 411-2-1 du code de l'environnement, censé lister tous les cas de présomption de raison impérative.

87. Pourtant ces mesures, qui ont pour but d'accélérer l'implantation de sites de production d'énergie renouvelables ou la réindustrialisation par la simplification des procédures, notamment en visant les points d'achoppement contentieux, risquent d'être inefficaces sur le plan de l'accélération du délai de réalisation des projets.

---

[1] Décret n°2024-704 du 5 juillet 2024 modifiant le code de l'urbanisme et le code de l'environnement en vue de favoriser l'implantation des installations industrielles vertes ; JORF n°0159 du 6 juillet 2024

§2 : Une stratégie de réduction du contentieux condamnée à l'inefficacité

88. Un changement quasi-nul du droit positif en matière d'énergies renouvelables – La mise en place d'une présomption d'intérêt public majeur concernant le secteur des énergies renouvelables, basée sur des critères techniques, notamment de puissance installée suffisante et surtout de contribution significative aux objectifs de production posés à l'échelle nationale, embrasse parfaitement les frontières posées par la jurisprudence administrative en matière[1]. En effet, comme nous l'avons vu, deux arrêts du 15 avril 2021 avaient posé les contours de l'appréciation du juge en matière de RIIPM concernant les installations de production d'énergie renouvelable. D'un côté, le juge avait estimé concernant un parc éolien flottant produisant 51 mégawatts qu'il contribuait de manière significative aux objectifs de réduction des gaz à effet de serre et participait à l'approvisionnement électrique de la Bretagne de manière significative[2]. D'un autre côté, le Conseil d'Etat a estimé qu'une microcentrale hydro-électrique de 12 millions de kilowattheures n'apportait pas une contribution suffisante à la production d'énergie renouvelable, et avait daigné lui reconnaître un caractère de RIIPM, annulant la dérogation[3]. On peut donc estimer, au regard des dispositions de la loi d'accélération des énergies renouvelables, que ce décret sera le simple prolongement de la jurisprudence du Conseil d'Etat, déplaçant le terrain du litige vers un débat plus technique, à savoir celui de la

[1] D. Guinard, « La présomption de raison impérative d'intérêt public majeur des EnR », *JCP A* n°16, 24 avril 2023, pp. 14-17
[2] CE, 15 avril 2021, n°430500, Les Moulins de Lohan *Op. cit.*
[3] CE, 15 avril 2021, n°432158, FNE Midi-Pyrénées *Op. cit.*

puissance installée et de la contribution significative du projet[1], mais sans faire bouger les frontières des RIIPM.

89.Une réduction du contentieux inefficace – Le but affiché de ces dispositifs « présomptifs » est de faciliter les démarches des opérateurs économiques et d'accélérer la réalisation des projets. En matière d'énergies renouvelables, l'objectif du plan REPowerEU est d'accélérer la transition énergétique de l'UE, notamment en facilitant les procédures d'autorisation et en réduisant les délais[2]. En France, l'article L. 411-2-1 du code de l'environnement a été introduit par la loi « *d'accélération de la production d'énergies renouvelables* ». Enfin, selon l'exposé des motifs du projet de loi Industrie Verte[3], le but est notamment de faciliter l'implantation et le développement de sites industriels, en accélérant les délais d'implantation. Concernant la présomption de RIIPM, et le lien fait avec la DUP, selon l'exposé des motifs, il s'agit de « *purger en amont les contentieux éventuels liés à la RIIPM et permettre au porteur de projet de se projeter sur la procédure de dérogation espèces protégées dès la DUP, tout en maintenant un haut niveau de garantie de protection des espèces et de leurs habitats* »[4]. Cependant, il est peu probable que ces mesures conduisent à une réduction du contentieux. Malgré la présomption, il est toujours nécessaire pour les porteurs de projet de respecter les deux autres conditions posées à l'article L. 411-2 du code de l'environnement, à savoir l'absence de solution alternative satisfaisante et le maintien de l'espèce dans un état de conservation favorable. De plus, concernant ces

[1] D. Guinard, « La présomption de raison impérative d'intérêt public majeur des EnR », *Op. cit.*

[2] Commission européenne, Com(2022) 230 final, *Op. cit.*

[3] Exposé des motifs, projet de loi relatif à l'Industrie verte (ECOX2310860L)

[4] *Ibid.*

contentieux, il s'agit la plupart du temps de contentieux de nature « *triangulaire* ». Cela signifie que les dérogations sont délivrées par l'administration au profit d'une personne privée, et l'acte de l'administration est contesté devant le juge administratif par un tiers, à savoir, la plupart du temps, une association agréée pour la protection de l'environnement au titre de l'article L. 141-1 du code de l'environnement. Au regard des particularités de ce contentieux et du taux d'annulation particulièrement important[1], il est certain que les associations continueront à contester les dérogations devant le juge administratif, même en présence d'une présomption et y compris en contestant la déclaration d'utilité publique. Les contentieux concernant les infrastructures de transport montrent bien, comme dans le cas du contournement autoroutier de Beynac[2] ou la ligne 17 du Grand Paris express[3], que les associations sont habituées à contester les déclarations d'utilité publique. Les présomptions ne devraient pas conduire à une réduction significative du nombre de litiges et donc ne devrait pas amener à une réduction des délais.

90. Un effet contreproductif pour les porteurs de projet – Enfin, la mise en place de ces présomptions présente le risque d'être contre-productive pour les porteurs de projet. Au-delà du fait que ces dispositifs sectoriels continuent d'enlever de la clarté à la législation relative aux espèces protégées, ils peuvent inciter les porteurs de projet bénéficiant de la présomption à être moins rigoureux dans leur demande de dérogation auprès de l'administration.

---

[1] M. Massol, « Les dérogations aux interdictions relatives aux espèces protégées. Analyse du contentieux » *Op. cit.*

[2] CAA Bordeaux, 10 décembre 2019, 19BX02327, 19BX02367, 19BX02369, 19BX02378, 19BX02421, 19BX02422, 19BX02423, 19BX02424

[3] CE, 17 décembre 2022, n°459219, Collectif Triangle de Gonesse, T. Lebon

Pourtant, s'il y a eu un débat sur le caractère irréfragable ou non de ces présomptions[1], il est certain qu'elles n'annulent pas le débat devant le juge, mais le déplacent simplement sur un terrain plus technique, concernant les énergies renouvelables et le nucléaire. Les porteurs de projet peuvent donc être conduits à devoir justifier, dans le cadre d'un litige, que les caractéristiques du projet permettent bien de bénéficier d'une présomption d'intérêt public majeur. De plus, le maintien des deux autres critères, notamment l'absence de solution alternative satisfaisante, très liée en termes d'argumentaire, à la justification des RIIPM, nécessite que les demandes de dérogation soient solidement argumentées. Si la présomption est là pour sécuriser juridiquement les porteurs de projet face au critère responsable de la grande majorité des annulations en termes de dérogations espèces protégées, elle ne garantit pas à elle seule, la légalité des dérogations.

91. Ainsi il ne semble pas que la mise en place de ces présomptions conduisent à une transformation profonde du contentieux des dérogations espèces protégées, ni à une réduction significative du nombre de litiges. En revanche, l'avis du Conseil d'Etat du 9 décembre 2022[2], a largement

[1] Cons. const., décision n°2023-848 DC du 9 mars 2023. Les parlementaires à l'origine de la saisine du Conseil constitutionnel faisaient notamment valoir que la loi mettait en place une présomption irréfragable, contraire au droit à un procès équitable, au droit à un recours effectif et à la Charte de l'environnement. Le Conseil constitutionnel, évitant de se prononcer sur le caractère irréfragable de la présomption, constate que la loi partage également un objectif de protection de l'environnement et que les requérants ont toujours la possibilité de contester les dérogations devant le juge administratif.

[2] CE, Sect., avis, 9 décembre 2022, n°463563, Association Sud Artois pour la protection de l'environnement, Lebon ; *AJDA* 2023, p. 228, chronique T. Janicot, R. Wadjinny-Green

assoupli le régime des dérogations espèces protégées[1], en estimant qu'une dérogation n'était nécessaire qu'en cas de risque d'atteinte « *suffisamment caractérisé* ». Cet avis déplace le point nodal du contentieux espèces protégées de la légalité de la dérogation à la nécessité d'obtenir une dérogation et devrait entraîner des conséquences bien plus importantes en termes de réduction du nombre d'annulations que la mise en place des présomptions, puisqu'au regard de ce revirement de jurisprudence, de nombreux projets n'ont plus besoin d'obtenir une dérogation. Selon une étude dressant le bilan d'un an de jurisprudence sur les espèces protégées à la suite de cet avis[2], près de deux-cents décisions sur les espèces protégées ont été rendues. Le contentieux semble se nouer avant tout sur la question de la nécessité d'obtenir ou non une dérogation et dans les trois-quarts des affaires, le juge administratif confirme, au regard de ce risque d'atteinte, l'absence de nécessité d'une dérogation. C'est un bouleversement très important du contentieux des dérogations espèces protégées, marginalisant de fait l'appréciation des critères d'obtention de la dérogation, tant la restriction du champ d'application des dérogations est importante. Cependant la conventionnalité de cet avis au regard des dispositions des directives Habitats et Oiseaux et surtout de la jurisprudence de la CJUE pose question[3]. En effet, la CJUE s'est opposée à plusieurs tentatives des Etats-

[1] F. Benech, « Les assouplissements du régime de « dérogation espèces protégées » », *AJCT* 2023, p. 348

[2] A. Le Dylio, J. Jeanclos, « Avis du Conseil d'Etat sur les espèces protégées : un an après, quel bilan ? », EEI 2024, n°1, pp. 18-22

[3] J. Bétaille, « La protection européenne des espèces sauvages mise à mal par le Conseil d'Etat », *RTD. Eur.*, 2023, pp. 187-202

membres de réduire le champ d'application des dérogations espèces protégées[1]

Conclusion du chapitre 2

92. L'interprétation, en pratique, des raisons impératives d'intérêt public majeur montre bien que face à la possibilité de reconnaître deux versions autonomes des RIIPM, dans le vide laissé par l'absence de jurisprudence de la CJUE, le choix opéré par le juge administratif, suivant l'interprétation développée par la Commission européenne a été d'interpréter cette notion de manière unifiée sans reconnaître une autonomie entre ces deux versions. Cependant, alors que la Commission fait une lecture unifiée autour de l'application de la jurisprudence de la CJUE et donc la réalisation d'une mise en balance y compris pour l'article 16, le juge administratif français fait une lecture unifiée autour de sa jurisprudence en matière de dérogations espèces protégées, qui comme nous l'avons vu, n'est pas une véritable mise en balance. De plus cette négation d'une autonomie en droit européen entre deux versions distinctes des raisons impératives est renforcée par le développement de présomptions d'intérêt supérieur, notamment en matière d'énergie renouvelable, en substituant des critères techniques à l'appréciation du juge. Cependant, en droit français, ces présomptions ne visent que l'article L. 411-2 du code de l'environnement, participant indirectement à le distinguer de l'article L. 414-4. Ces présomptions, si elles ne semblent pas être en mesure de remplir leur objectif de

[1] V. notamment CJUE, 2 mars 2023, C-432/21, Commission européenne c/ République de Pologne, dans lequel la Cour condamne la Pologne du fait d'une présomption consacrée par le législateur Polonais, reconnaissant que les exploitations forestières suivant un simple guide de bonnes pratiques sont présumées ne pas violer les directives Habitats et Oiseaux.

réduction du contentieux et d'accélération de la mise en œuvre des projets qu'elles visent, pourraient en revanche avoir comme effet de morceler les RIIPM par type de projet, à l'encontre de l'idée de disposer d'une interprétation autonome, globale et stabilisée, des raisons impératives de l'article L. 411-2.

Conclusion de la partie II

93. Il ressort de notre analyse de la directive Habitats et de la jurisprudence de la CJUE qu'il doit exister une interprétation autonome des RIIPM de l'article 16 concernant les dérogations espèces protégées vis-à-vis des RIIPM l'article 6 §4 concernant les atteintes aux sites Natura 2000. Cette autonomie et cette distinction est pertinente d'abord au regard des modalités d'élaboration de la notion, qui n'a pas été réfléchie au même moment pour chaque pilier de la directive, et est pertinente ensuite au regard du contenu de ces dérogations, du fonctionnement de chaque dispositif, qui admet que l'on puisse mettre en balance les objectifs de conservation des sites Natura 2000 mais qui ne permet pas de nuire à l'état de conservation favorable des espèces. Mais si cette distinction que nous proposons est pertinente en théorie, dans la pratique, la Commission européenne et le juge administratif adoptent une lecture unifiée des différentes mentions des RIIPM autour d'une seule et même notion, autour de la méthode d'interprétation préexistante dans chaque ordre juridictionnel. De plus, le législateur, en multipliant les présomptions tend à supprimer l'intérêt même d'une méthode d'interprétation des RIIPM au profit de dispositifs particuliers par secteur. Pour autant, si cette distinction entre deux RIIPM autonome n'existe pas en pratique, l'absence de jurisprudence de la CJUE concernant les RIIPM de l'article 16 laisse la porte ouverte à cette distinction, et à la mise en place d'une méthode d'interprétation des raisons impératives en matière de dérogation espèces protégées, distincte de la mise en balance.

PARTIE III : UN STANDARD JURIDIQUE SANS MÉTHODE INTERPRÉTATIVE

94. Nous avons distingué dans les deux premières parties plusieurs lignes de force des raisons impératives d'intérêt public majeur de l'article L. 411-2 du code de l'environnement, qui sont au cœur du débat en droit interne. D'abord nous avons démontré l'autonomie des RIIPM de l'article L. 411-2 par rapport à l'interprétation de l'utilité publique par le biais du bilan coût-avantage. Ensuite, nous avons démontré une autonomie des RIIPM de l'article L. 411-2 par rapport à une autre occurrence des RIIPM, à l'article L. 414-4 du code de l'environnement, relatif aux dérogations à la protection des sites Natura 2000, en constatant que si cette autonomie est plus théorique que pratique aujourd'hui, les vides laissés par la jurisprudence européenne laissent la porte ouverte à sa reconnaissance. En prenant en compte ces lignes claires dégagées de cet impressionnisme jurisprudentiel concernant les RIIPM en droit français, il est possible de construire une méthode d'interprétation, une grille de lecture des RIIPM, particulièrement en matière de dérogations espèces protégées, qui ne disposent pas encore d'une grille de lecture parfaitement stabilisée. Mais avant, tout, pour être pertinente, cette méthode doit prendre en compte la nature de cette notion de RIIPM, que l'on peut rattacher au concept de standard juridique, qui est essentiel pour comprendre l'intérêt des RIIPM. Ainsi, nous verrons dans un premier temps que les RIIPM renvoient au concept de standard juridique (**Chapitre 1**) et delà, il est possible de définir une méthode d'interprétation pertinente et stabilisée pour chaque occurrence des RIIPM, qui prenne en compte ce caractère de standard juridique ainsi que ces lignes claires que nous avons dégagées (**Chapitre 2**).

Chapitre 1 : Une absence de définition fixée : la raison impérative d'intérêt public majeur comme standard juridique

95. Comme nous l'avons vu, les RIIPM se démarquent par leur aspect indéterminé et un usage essentiellement prétorien. L'examen de la notion de RIIPM conduit à la rattacher au concept de standard juridique, dont relèvent également les notions proches d'intérêt général et d'utilité publique. Au-delà des différents degrés d'autonomie constatés plus haut, une grille de lecture pertinente des RIIPM doit tenir compte de cet aspect de standard juridique, et maintenir ce caractère indéterminé et évolutif de la notion, sous peine de vider la notion de tout son intérêt. Ainsi, nous verrons dans un premier temps en quoi les RIIPM peuvent être rattachés au concept de standard juridique (**Section 1**). Dans un second temps, nous verrons en quoi l'intérêt d'un standard réside dans son caractère indéterminé, permettant de s'adapter aux évolutions sociétales et empêchant de rechercher une définition fixée et intangible, au risque de vider la notion de toute sa substance et de tout son intérêt (**Section 2**).

Section 1. La nature de la raison impérative : un standard juridique

96.L'analyse de la nature des RIIPM permet de rattacher les raisons impératives au concept de standard juridique. Les caractéristiques des RIIPM correspondent aux critères des standards juridiques (§1) tels que posés par le professeur Stéphane Rials dans sa thèse. Le contrôle poussé des RIIPM fait par le Conseil d'Etat en tant que juge de cassation, à savoir un contrôle de la qualification juridique des faits, contribue à montrer que l'interprétation de ce standard juridique n'est pas encore parfaitement stabilisée (§2)

§1 : L'adéquation de la notion de RIIPM avec les critères du standard juridique

97.La définition des standards juridiques – La proximité conceptuelle des raisons impératives avec les notions d'utilité publique et d'intérêt général conduit à s'intéresser au concept de standard juridique. L'identification des standards repose sur les définitions et critères dégagés par le professeur Stéphane Rials dans sa thèse de référence sur les standards juridiques[1]. Le premier titre de cette thèse essaie de fournir une définition des standards juridiques. En guise de définition provisoire, en introduction de ce travail définitoire, Stéphane Rials propose de définir le standard comme « *un type de disposition indéterminée, plutôt utilisée par le juge, dont le caractère normatif est l'objet de contestations et qui met en jeu certaines valeurs fondamentales de normalité, de moralité ou de rationalité* »[2]. Après avoir constaté l'insuffisance des définitions organiques et formelles notamment fournies par « *l'école du standard* », mouvement doctrinal constitué autour de ce concept nouveau de standard juridique dans les années 1920, Rials propose d'agréger plusieurs définitions doctrinales pour composer une triple définition fonctionnelle du standard. D'abord une définition fonctionnelle-organique du standard : le standard, du fait de son caractère indéterminé, est un moyen de délégation du pouvoir normatif qu'il contient de la part des autorités qui

[1] S. Rials, « Le juge administratif français et la technique du standard (Essai sur le traitement juridictionnel de l'idée de normalité) », L.G.D.J, Paris, 1980

[2] *Ibid.* p. 3

l'édictent[1]. Concernant un standard textuel, il s'agit donc d'une délégation du législateur au juge, bien que ce dernier puisse parfois en refuser les conséquences[2]. Ensuite, une définition fonctionnelle-formelle du standard : le standard explicite est une technique de rhétorique de la part du juge[3]. En effet, la référence du standard à l'idée de normalité tend à rendre son argumentation transparente et à lui conférer un caractère évident, qui légitime la décision. Enfin, une définition fonctionnelle-matérielle du standard : le standard est une technique de régularisation du droit[4]. Le caractère évolutif des standards permet au juge d'ajuster en permanence le champ d'application d'une disposition juridique. Le standard a pour fonction d'être « *la molette de la clef de la légalité ou de la responsabilité* »[5]. Cependant, si la combinaison de ces trois définitions permet de cerner les contours de la notion de standard, il convient d'y ajouter un critère pour en saisir l'essence. Pour Rials, le dénominateur commun, l'essence des standards se trouve dans l'idée de normalité[6]. Cette idée de normalité induit l'idée de conformité, d'étalonnage, et le standard « *est un pur instrument de mesure des comportements et des situations en termes de normalité* ». Cependant, cette idée de normalité doit être entendue dans un sens très large, car peuvent constituer des standards tant des notions se référant à la normalité que des notions se référant à l'anormalité[7]. De plus il existe des standards inclusifs, qui se réfèrent à d'autres concepts mais qui ne peuvent s'apprécier qu'au regard de la normalité et de l'anormalité. C'est le cas par

---

[1] *Ibid.* p. 56
[2] *Ibid.* p. 57
[3] *Ibid.* p. 58
[4] *Ibid.* p. 59
[5] *Ibid.* p. 60
[6] *Ibid.* p. 61
[7] *Ibid.* p. 62

exemple de la moralité ou de la rationalité[1]. Par la suite, Rials dresse une sorte de « *nomenclature* » des standards juridiques, et se questionne notamment sur le caractère de standard des notions d'intérêt général et d'utilité publique, concepts proches des RIIPM comme nous l'avons vu. Pour Rials, l'intérêt général est un standard juridique dans la mesure où il ne peut se concevoir qu'en termes de normalité, car selon la formule consacrée de Robert et Littré, l'intérêt général est ce qui convient, ce qui importe, ce qui est bon[2]. Seulement, l'intérêt général est une notion plus vague et plus fondamentale que la plupart des standards. Il en va de même de l'utilité publique, profondément liée à l'intérêt général. L'utilité publique, dans la mesure où sa détermination permet d'affirmer qu'une opération est en adéquation avec les valeurs de la société, est un standard juridique[3].

98.L'adéquation des raisons impératives à la définition des standards – La reprise des différentes définitions dégagées par le professeur Stéphane Rials et leur application aux raisons impératives d'intérêt public majeur, conceptuellement proche des notions d'intérêt général et d'utilité publique, permet d'identifier les RIIPM comme un standard juridique. Dorian Guinard avait déjà relevé que les RIIPM, comme toute notion faisant référence à un intérêt « *public* » ou « *général* » et de surcroît « *majeur* » ne pouvait être qu'une « *notion à texture ouverte dont les caractéristiques sont fonction de l'interprétation des acteurs juridiques* »[4]. Au-delà du simple caractère de notion indéterminée, les RIIPM forment des standards juridiques. Si l'on reprend les 3 définitions fonctionnelles,

---

[1] *Ibid.* p. 71
[2] *Ibid.* p. 107
[3] *Ibid.* p. 107
[4] D. Guinard, « La raison impérative d'intérêt public : nouvelles récentes d'une jeune notion en droit administratif » *Op. cit.*, p. 14

les RIIPM répondent à la définition fonctionnelle-organique, puisque l'utilisation de la notion dans la directive Habitats, transposée en droit français, constitue une délégation de pouvoir, d'interprétation, au préfet, et *in fine* au juge, qui détermine le contenu des RIIPM. Concernant la définition fonctionnelle-formelle du standard, la fonction rhétorique est certes moins évidente que pour des standards plus classiques comme le retard abusif, mais l'idée qu'un projet répond à une raison impérative d'intérêt public majeur, avec l'utilisation de cette formule « *généreuse en épithètes* »[1] permet d'affirmer clairement l'importance du projet, une importance telle qu'elle justifie que l'on déroge à la protection des espèces ou que l'on porte atteinte à un site. Autrement formulé, « *les juridictions vérifient ainsi que l'intérêt public du projet est à ce point massif qu'il fait céder le mur de protection dressé autour de certaines espèces de faune et de flore sauvages* »[2]. Concernant la définition fonctionnelle-matérielle du standard, il est clair que les RIIPM constituent un outil de régularisation du droit pour le juge. En effet, les RIIPM permettent au juge d'ajuster en permanence le curseur des intérêts justifiant de déroger à la protection de l'intérêt environnemental. Le juge se repose notamment sur les grands objectifs posés par le législateur français ou par le droit de l'Union pour déterminer ce qui relève ou non des RIIPM. Enfin, concernant le rattachement à l'idée de normalité, comme l'intérêt général et l'utilité publique, les raisons impératives ne peuvent se lire et s'interpréter que par le prisme de l'idée de normalité. L'utilisation des adjectifs « *impératif* » et « *majeur* » marquent un étalonnage et un degré d'exigence, qui se réfèrent au niveau

---

[1] F. Benech, C. Rolland, « Grands projets et raison impérative d'intérêt public majeur » *Op. cit.*
[2] F. Benech, « Les assouplissements du régime de « dérogation espèces protégées » *Op. cit.*

de base, à savoir la normalité, pour placer un seuil haut, qui n'admet pas la reconnaissance de tous les projets, loin de là. Comme l'intérêt général et l'utilité publique, la détermination des RIIPM correspond à ce qui importe au regard des valeurs de la société. Son contenu est donc évolutif et se rapporte à la normalité. Cela rejoint la première méthode d'identification des RIIPM de la part du juge administratif qui passait par l'utilisation des adjectifs « *exceptionnel* » et « *indispensable* »[1], qui se réfèrent à cette idée de globale de normalité dans son pendant d'anormalité, car ce qui est exceptionnel n'est par définition pas normal.

99. Les raisons impératives d'intérêt public majeur constituent donc un standard juridique, dont le caractère indéterminé et évolutif est central dans l'interprétation. Cependant, le contrôle des RIIPM élaboré par le Conseil d'Etat dans son office de juge de cassation, à savoir un contrôle de la qualification juridique des faits, contribue encore à montrer que la manière d'interpréter ce standard juridique n'est pas stabilisée, conduisant le Conseil d'Etat à faire un contrôle poussé.

§2 : Un contrôle de la raison impérative par le juge de cassation relevant du contrôle de la qualification juridique des faits

100. La place centrale du juge dans la détermination des RIIPM – La nature de standard juridique des RIIPM justifie la place centrale du juge dans leur détermination. La délégation de pouvoir qu'induit le caractère indéterminé des RIIPM comme l'implique la définition fonctionnelle-

[1] CE, 9 octobre 2013, SEM Nièvre Aménagement, n°366803 *Op. cit.*

organique du standard n'est pas, par principe, une délégation directe du législateur au juge. Selon l'article R. 411-6 du code de l'environnement, sauf exception, les dérogations définies à l'article L. 411-2 du code de l'environnement sont délivrées par le préfet[1]. Ainsi, c'est d'abord l'administration, en principe le préfet, par exception le ministère chargé de la protection de la nature qui va déterminer si un projet peut être justifié par une raison impérative. Ce n'est qu'en cas de recours pour excès de pouvoir contre l'arrêté préfectoral accordant la dérogation à la protection des espèces que le juge administratif sera conduit à apprécier la qualification du projet et donc à interpréter les RIIPM. Du fait de la place très importante du contentieux et du nombre conséquent d'annulations[2], l'interprétation du standard par le juge administratif tient une place centrale et fixe le réel degré d'exigence, face à la tendance des préfectures à accorder les dérogations de manière très large. Comme le résume Dorian Guinard, « *les préfectures construisent la notion par la positive en ayant recours à une interprétation extensive dans les faits, les associations façonnent la RIIPM par la négative par effet de miroir inversé des visions préfectorales et in fine les juges créent (ou dégagent les contours selon les positionnements théoriques) la notion par la positive en autorisant un projet ou par la négative en*

[1] Les dérogations sont délivrées par le préfet sauf lorsqu'elles concernent des opérations à des fins de recherche et d'éducation conduites sur le territoire de plus de 10 départements (R. 411-7 C. Envir.) ou des individus d'espèces vertébrées menacées d'extinction dont l'aire de répartition excède le territoire d'un département (R. 411-8 C. Envir.). Dans ces cas-là, la dérogation est délivrée par le ministre chargé de la protection de la nature.

[2] M. Massol, « Les dérogations aux interdictions relatives aux espèces protégées. Analyse du contentieux » *Op. cit.*

invalidant les autorisations préfectorales »[1]. En tant que standard juridique, les RIIPM sont avant tout un outil de régulation entre les mains du juge, gardien de la légalité et contrôleur de l'administration.

101. Un contrôle poussé des RIIPM en cassation – Le Conseil d'Etat, en tant que juridiction administrative suprême et juge de cassation de l'ordre administratif, exerce une double mission de régulation de l'ordre administratif[2]. D'une part il exerce une fonction disciplinaire, afin de contrôler les irrégularités de certaines décisions et d'autre part une fonction juridique, d'harmonisation des décisions rendues et d'unité d'interprétation des normes, au nom de l'égalité entre les justiciables[3]. Ce contrôle de cassation peut être plus ou moins poussé, il peut s'agir d'un contrôle restreint, ou alors d'un contrôle normal plus proche de celui du juge du fond dans le cadre d'un recours pour excès de pouvoir. Dans le cadre des dérogations espèces protégées, concernant les deux dernières conditions, à savoir l'absence de solution alternative satisfaisante et l'absence de nuisance au maintien dans un état de conservation favorable, le juge opère un contrôle restreint, dit de la dénaturation[4]. Dans ce contrôle restreint, le juge de cassation contrôle seulement l'erreur de droit, qui est le cœur du contrôle de cassation et l'erreur de fait. Ce contrôle restreint est critiqué par une partie de la doctrine car il s'agit d'un contrôle peu poussé, en comparaison avec la nécessité d'une interprétation

---

[1] D. Guinard, « *La raison impérative d'intérêt public : nouvelles récentes d'une jeune notion en droit administratif* » *Op. cit.* p. 26

[2] M. Guyomar, B. Seiller, A. Meynaud-Zeroual, « *Contentieux Administratif* », *Op. cit.* p. 91

[3] *Ibid.*

[4] D. Guinard, « *La nature à l'épreuve de la dénaturation : brèves remarques sur l'intensité du contrôle du juge de cassation dans le contentieux de l'interdiction de destruction des espèces protégées* », *JCP A*, 2022, n°17, pp. 31-34

stricte des dérogations[1]. La critique de ce contrôle restreint se fait surtout en comparaison au contrôle des raisons impératives par le juge de cassation, qui est un contrôle de la qualification juridique des faits, beaucoup plus poussé, qui consiste à contrôler l'application de la règle de droit à des situations concrètes, complétant le contrôle de l'erreur de droit[2]. Le professeur Bertrand Seiller et Mathias Guyomar notent que l'exercice de ce contrôle n'est pas anodin, le Conseil d'Etat n'opérant ce contrôle que s'il l'estime utile dans sa mission de cours régulatrice, notamment au regard du caractère plus ou moins stabilisé de sa jurisprudence[3]. Ce contrôle poussé des raisons impératives par le juge de cassation traduit donc l'instabilité déjà constatée des RIIPM par les juges du fond.

102.**Le standard juridique, un outil de régulation en cours de régulation** – Le caractère indéterminé qu'impliquent les standards juridiques, et donc le pouvoir créateur du juge conduit donc à d'importantes divergences d'interprétation. Cependant, l'aspect encore très instable des raisons impératives s'explique surtout par l'absence de méthode claire d'interprétation. Pourtant c'est le rôle du Conseil d'Etat d'harmoniser l'interprétation des RIIPM. Or, étant donné qu'il s'agit d'un standard juridique, évolutif par définition, il n'est pas possible d'en donner une définition fixée. Actuellement, la multiplication des arrêts du Conseil d'Etat contribue à stabiliser partiellement la notion, en tout cas dans certains domaines, en en fixant les contours. Cependant, si cette méthode parvient à harmoniser le droit dans certains secteurs, par exemple celui des énergies

---

[1] R. Radiguet, « Pour une interprétation stricte des critères de dérogation au statut d'espèce protégée », *RJE* 2017/3, Vol. 42, pp. 581-596

[2] M. Guyomar, B. Seiller, A. Meynaud-Zeroual, « Contentieux Administratif », *Op. cit.* p. 93

[3] *Ibid.*

renouvelables, cette méthode prend du temps et surtout l'apparition d'une nouvelle catégorie de projets devra attendre que le Conseil d'Etat se prononce plusieurs fois pour bénéficier d'une jurisprudence stabilisée. Pourtant, l'existence d'un standard juridique n'est pas forcément synonyme d'empirisme juridique. Concernant l'utilité publique, comme nous avons pu le voir, le juge administratif, tout en laissant à la notion son caractère largement indéterminé, a fourni un cadre unique et cohérent d'interprétation avec la mise en place du bilan coût-avantage. Face à cette instabilité jurisprudentielle et l'absence d'un cadre cohérent d'interprétation des raisons impératives posé par le juge, le législateur semble plutôt vouloir figer les RIIPM par le biais de présomptions assises sur des critères techniques. Pourtant, l'intérêt d'un standard juridique repose largement sur son caractère indéterminé et évolutif.

Section 2. La fonction de la raison impérative : l'intérêt d'une notion indéterminée

103. L'intérêt et au-delà, la raison d'être des RIIPM, en tant que standard juridique, réside dans son caractère ouvert, changeant et adaptatif. Selon les nécessités et en adéquation avec les valeurs fondamentales de la société, les types de projets répondant à une RIIPM sont amenés à évoluer dans le temps. Ainsi, d'une part les RIIPM sont une notion impossible à figer (§1) et d'autre part, le caractère adaptatif intrinsèque à cette notion permet une politique interprétative du juge ancrée dans la société (§2).

§1 : La RIIPM : une notion impossible à figer

104. Le standard, une notion au caractère indéterminé – Au-delà de son identification comme un standard juridique au regard des critères posés par le professeur Stéphane Rials, il est clair que la notion de RIIPM a été conçue comme une disposition générale. Qualifiée notamment de « *disposition balais* »[1], le but de la notion dès son origine a été de donner la possibilité aux Etats-membres de déroger à la protection des sites Natura 2000 pour des motifs économiques, ce qu'avait refusé la CJCE concernant la directive Oiseaux[2]. L'intérêt de cette notion réside donc dans son caractère indéterminé qui constitue une porte de sortie pour les Etats-membres, leur permettant d'y faire rentrer des projets très variés. La précision apportée au moment des négociations visant des raisons « *y compris de nature économique et sociale* » n'est là que pour confirmer qu'il est possible de déroger à la protection des intérêts visés par la directive pour des motifs économiques et sociaux. De plus, la nature du texte, à savoir une directive, qui selon le droit primaire doit en principe fixer des objectifs et laisser les Etats-membres libres sur la détermination des formes et des moyens pour les atteindre[3], nécessite l'adoption de dispositions relativement générales, qui puissent laisser un certain champ aux Etats-membres au moment de la transposition. Le droit européen de l'environnement utilise largement les standards juridiques. L'objectif de l'Union européenne en matière environnementale est lui-même formulé dans les traités sous la forme d'un standard juridique, à savoir que « *la politique de l'Union dans le*

---

[1] O. Fuchs, concl. sous CE, 3 juin 2020, n°425395, La Provençale

[2] N. De Sadeleer, « Droit communautaire de protection de la nature », *Op. cit.*

[3] Article 288 TFUE

domaine de l'environnement vise un niveau de protection élevé »[1]. Ensuite, plusieurs directives, notamment les directives-cadres, ont défini leurs objectifs sous la forme de standards juridiques. En matière d'eau douce par exemple, un des objectifs de la directive-cadre sur l'eau est notamment de maintenir ou de rétablir le « *bon état écologique* » des masses d'eau[2]. De plus comme la directive Habitats, la directive-cadre sur l'eau utilise un critère proche des RIIPM. En effet, comme nous l'avons vu plus haut, le considérant 32 de la directive admet qu'il puisse être dérogé à l'objectif de bon état dans des conditions spécifiques, notamment en raison d'un « *intérêt public supérieur* ». Le législateur européen a fait le choix d'établir une nouvelle forme d'intérêt public qualifié plutôt que de faire des RIIPM un critère transversal à l'ensemble du droit européen de l'environnement, permettant de déroger aux intérêts écologiques protégés par ces différents textes[3]. Cependant, ces différents standards se retrouvent unifiés dans le cadre des énergies renouvelables par le biais de la présomption d'intérêt supérieur établie par le règlement d'urgence REPowerEU[4]. Cela induit donc que l'intérêt supérieur de la directive-cadre sur l'eau et les RIIPM de la directive Habitats s'interprètent de la même manière dans le domaine des énergies renouvelables.

---

[1] Article 191 TFUE

[2] Considérant 25, directive 2000/60/CE du Parlement européen et du Conseil du 23 octobre 2000 dite directive-cadre sur l'eau

[3] P. De Smedt, M. van Rijswick, « Nature conservation and water management. One battle ? » *in The Habitats Directive in its EU Environmental Law Context : European Nature's Best Hope ?*, Routledge, Abingdon, Oxford, 2014, pp. 417-433

[4] Règlement (UE) 2022/2577 du Conseil du 22 décembre 2022 établissant un cadre en vue d'accélérer le déploiement des énergies renouvelables

105.La présomption, une tentative de figer la notion – À l'opposé de ce caractère indéterminé, intrinsèque au standard juridique, la mise en place de présomptions vient figer la notion dans le domaine visé. La présomption mise en place au niveau européen est une présomption simple, générale, qui maintien un caractère indéterminé et maintien une appréciation prétorienne du juge. Mais les présomptions adoptées par le législateur français, assises sur des critères techniques précisés par des décrets en Conseil d'Etat, comme c'est le cas pour les énergies renouvelables et pour les réacteurs électronucléaires, viennent totalement figer cette interprétation dynamique propre aux standards juridiques. Comme l'a relevé Dorian Guinard[1], si la présomption en matière d'énergies renouvelables est une présomption simple, car il puisse être apporté devant le juge la preuve que le projet ne répond pas aux caractéristiques techniques fixées par le décret en Conseil d'Etat, elle a les « *atours de « l'irréfragabilité » en cas de conditions techniques remplies* »[2]. Si comme nous l'avons vu, la présomption prévue par l'article L. 211-2-1 du code de l'énergie suit globalement la jurisprudence du Conseil d'Etat en matière d'énergie renouvelable, la mise en place de cette présomption, et notamment de valeurs fixes de puissance installée risque de figer l'interprétation dynamique élaborée jusque-là par le Conseil d'Etat. Si le contenu du décret est relativement proche de la jurisprudence antérieure, à moins que le Conseil d'Etat estime qu'il s'agit seulement d'une présomption simple, et se permette de refuser de reconnaître à un projet la qualité de RIIPM alors qu'il répond aux critères posés par le décret, l'interprétation des RIIPM en matière d'énergie renouvelable se retrouve figée par le texte. Elle fait perdre

[1] D. Guinard, « La présomption de raison impérative d'intérêt public majeur des EnR », *Op. cit*.
[2] *Ibid.*

à ce standard son caractère adaptatif, permettant au juge de se prononcer plus finement, projet par projet. Pour l'instant, le Conseil d'Etat n'a pas eu jusqu'à se prononcer sur des projets bénéficiant de la présomption du fait du délai inévitable entre l'adoption d'un texte et le contrôle de ses premières applications au contentieux[1]. À présent, à moins que le Conseil d'Etat ne décide que cette présomption simple peut être contestée y compris si le projet répond aux conditions techniques fixées par le pouvoir réglementaire, il sera nécessaire de réviser le décret pour repenser les projets dans le domaine des énergies renouvelables répondant à des RIIPM. Le décret fige donc l'interprétation des RIIPM, faisant perdre à ce standard son caractère adaptatif, qui permettait notamment au juge de se prononcer plus finement, projet par projet.

106. L'épuisement des RIIPM – La multiplication des présomptions, en figeant l'interprétation prétorienne du juge, fait perdre aux RIIPM leur substance et leur intérêt. Le développement de présomptions sectorielles accentue l'éclatement de la notion et l'approche contestable du Conseil d'Etat consistant à dégager uniquement des critères déterminants par secteur, au détriment de la construction d'un véritable cadre général et cohérent d'interprétation. Cela conduit à une situation d'insécurité juridique importante pour les requérants concernant des projets qui n'ont pas encore fait l'objet d'une jurisprudence fournie. Surtout, si les présomptions sectorielles en matière énergétique sont assises sur des critères techniques qui reprennent globalement la jurisprudence du Conseil d'Etat, la loi Industrie Verte[2] revient sur l'autonomie des RIIPM, notamment vis-à-vis de l'utilité publique, par la

---

[1] V. par exemple CE, 18 avril 2024, n°471141

[2] Loi n°2023-973 du 23 octobre 2023 relative à l'Industrie Verte ; JORF n°0247 du 24 octobre 2023

présomption inscrite à l'article L. 122-1-1 du code de l'expropriation pour cause d'utilité publique, qui est susceptible de s'appliquer à tous les grands projets reconnus par l'Etat comme d'une certaine importance pour pouvoir relever du régime des opérations d'intérêt national ou des grandes opérations d'urbanisme. Cette disposition, à la portée potentielle extrêmement large revient sur l'idée de l'autonomie des RIIPM vis-à-vis de l'utilité publique et sur la nécessité d'une interprétation stricte des dispositions de la directive[1]. Dans ce dédale de présomptions qui tendent à se multiplier, qui s'étendront peut-être bientôt à d'autres secteurs comme l'agriculture[2], le véritable contrôle prétorien des RIIPM, *in concreto*, tel qu'il existe jusqu'à présent ne pourrait devenir que totalement secondaire, pour les secteurs ne bénéficiant pas d'une présomption. La multiplication des présomptions, si elles conduisent le juge administratif à diminuer l'intensité de son contrôle, pourrait conduire à un affaiblissement important de la protection des espèces, qui est assurée par une interprétation stricte, qui fait des RIIPM une « *marche élevée à franchir* ». Finalement, cette approche du législateur, qui tente de reprendre la main sur cette notion aux incidences importantes sur les projets, pourrait également trahir un manque de confiance du législateur envers le juge dans cette forme de « *délégation* » que représente le standard, face à

---

[1] H. Schoukens, K. Bastmeijer, « Species Protection in the European Union : How strict is strict ? » *Op. cit.*

[2] V. notamment le projet de loi d'orientation pour la souveraineté en matière agricole et le renouvellement des générations futures (AGRS2404686L), prévoyant l'inscription d'un article L.1 A. au sein du code rural et de la pêche maritime reconnaissant que « l'agriculture, la pêche et l'aquaculture sont d'intérêt général majeur ». Si le projet de texte a été adopté en 1ère lecture par l'Assemblée nationale le 28 mai 2024, la dissolution de l'Assemblée nationale prononcée par décret le 9 juin 2024, et la nouvelle composition de l'Assemblée nationale pour la XVIIème législature rendent l'avenir de ce texte très incertain

une jurisprudence trop restrictive vis-à-vis des intérêts économiques.

§2 : Une notion adaptative au service d'une politique interprétative ancrée dans la société

107. Une notion adaptative au service d'une balance des intérêts – Si nous avons affirmé clairement et de manière répétée qu'il était nécessaire de distinguer les RIIPM en matière de dérogations espèces protégées de la technique de la mise en balance pour les interpréter, il est possible d'affirmer en revanche que la présence des RIIPM dans la directive Habitats, et plus globalement la présence d'un dispositif dérogatoire dans la directive procède d'une mise en balance ou d'une conciliation des intérêts. En effet, la directive Habitats adopte une approche de développement durable, à savoir l'idée d'une conciliation entre la protection de l'environnement, le développement économique et le progrès social[1]. Selon le troisième considérant de la directive « *le but principal de la présente directive étant de favoriser le maintien de la biodiversité tout en tenant compte des exigences économiques, sociales, culturelles et régionales, elle contribue à l'objectif général d'un développement durable* »[2]. L'approche de développement durable et de conciliation des intérêts est présente dès les prémices du droit européen de l'environnement, étant donné que ces objectifs de protection de l'environnement apparaissent au sein d'un système dont le but est avant tout la construction et le développement d'un marché intérieur. D'ailleurs à partir du

---

[1] AGNU, résolution 42/187 du 11 décembre 1987, Report of the World Commission on Environment and Development

[2] Considérant 3, directive 92/43/CEE du Conseil du 21 mai 1992

Traité d'Amsterdam[1], 5 ans après l'adoption de la directive Habitats, le développement durable a intégré le droit primaire de l'Union, au considérant 9 de l'actuel Traité sur l'Union européenne selon lequel « *déterminés à promouvoir le progrès économique et social de leurs peuples, compte tenu du principe de développement durable et dans le cadre de l'achèvement du marché intérieur, et du renforcement de la cohésion et de la protection de l'environnement* »[2]. Ainsi la présence de dérogations à la protection des sites Natura 2000 et à la protection des espèces d'intérêt communautaire dans la directive Habitats procède de cette logique de conciliation. Comme nous avons pu le voir, au moment de l'élaboration de la directive, l'introduction des RIIPM dans le texte traduit la volonté des Etats-membres d'aménager une plus grande place aux intérêts économiques et sociaux face à la protection de l'intérêt environnemental. Si cette conciliation minore le degré de protection des intérêts écologiques, en permettant de porter atteinte à la protection des sites ou de détruire des spécimens de certaines espèces, c'est elle qui rend le texte acceptable pour les Etats-membres. Comme le rappelle Cyril Bardon, un instrument comme le système de protection stricte des espèces « *n'est efficace que s'il est socialement soutenable, et la dérogation loin d'être une exception à l'objectif de la directive, est le complément naturel et obligatoire de l'instrument de protection stricte* »[3]. La raison impérative, en tant que condition de la dérogation qui incarne l'intérêt d'une importance telle qu'il permet d'être concilié avec l'intérêt environnemental est

[1] Traité d'Amsterdam modifiant le traité sur l'Union européenne, les traités instituant les communautés européennes et certains actes connexes, JOCE, C 340/1 du 10 novembre 1997

[2] Considérant 9 Traité sur l'Union européenne

[3] C. Bardon, « L'intérêt public majeur : applications par le juge national » *Op. cit.*

donc au cœur de cette logique de développement durable. Cependant, ce n'est pas parce que les RIIPM participent à une mise en balance globale, commune à tout le droit européen de l'environnement, que leur interprétation doit procéder d'une mise en balance. En effet, la conciliation des intérêts se fait en respectant le dispositif dérogatoire posé par le texte. C'est le respect des conditions de la dérogation qui assure la mise en balance, mais cela ne signifie pas que chacune des conditions de la dérogation doive être interprétées sous la forme d'une mise en balance. En matière d'espèces protégées, c'est la reconnaissance d'un intérêt élevé, l'absence de solution alternative satisfaisante et le maintien dans un état de conservation favorable de l'espèce qui assure que la dérogation procède bien d'une conciliation.

108. Une notion adaptative face à des intérêts divers – Le caractère adaptatif des RIIPM, inhérent à leur nature de standard juridique, fait de ce critère un reflet des intérêts sociétaux d'une importance telle qu'ils permettent de déroger à la protection des espèces. Les RIIPM sont donc un miroir des valeurs et des intérêts de la société, d'une importance particulière étant donné l'exigence du juge administratif. La conciliation de la protection de la biodiversité avec les intérêts économiques n'est pas admise pour toute opération aux bénéfices attendus importants. Concernant les projets de centres commerciaux ou de création de zones d'activités, les annulations sont relativement nombreuses et le Conseil d'Etat, dans le cadre du projet Val Tolosa, a jugé la dérogation illégale constant le défaut de RIIPM, malgré la création potentielle de près de 1500 emplois[1]. Il est certain que cette jurisprudence

[1] CE, 25 mai 2018, n°413267 Société PCE ; CE, 24 juillet 2019, n°414353, Société PCE *Op. cit.*

n'aurait pas été la même il y a 40 ans[1] quand le développement de ces « hypermarchés » et centres commerciaux était très important. Concernant le secteur des énergies renouvelables, pour lesquelles les annulations sont beaucoup plus rares, le contexte de transition énergétique, d'objectif de neutralité carbone, associée aux enjeux de souveraineté énergétique, pousse le juge administratif à admettre plus facilement la conciliation. L'intérêt du standard juridique est donc son aspect évolutif, qui donne au juge, qui contrôle l'action de l'administration, ce rôle de filtre des intérêts. Mais si nous nous sommes surtout arrêtés sur la conciliation entre les intérêts environnementaux et économiques, centrale en droit de l'environnement[2], le juge administratif a également eu à se prononcer sur la conciliation des intérêts environnementaux avec des intérêts sociaux ou culturels. Notamment, dans un arrêt de 2016[3], la CAA de Marseille a eu à juger de la légalité d'une dérogation espèce protégée accordée dans le cadre d'un projet de musée mémorial du camp Joffre de Rivesaltes. Ce camp militaire, fondé en 1935, a servi de camp de transit pour les républicains espagnols, puis de centre pour les prisonniers espagnols et juifs sous l'occupation puis enfin

[1] Aujourd'hui il semble que les projets de construction de grands centres commerciaux soit en perte de vitesse. L'analyse du contentieux des dérogations espèces protégées permet de constater un nombre important d'annulations. De plus, l'article 215 de la loi n°2021-1104 du 22 août 2021 portant lutte contre le dérèglement climatique et renforcement de la résilience face à ses effets a limité les possibilités d'implantations de nouveaux centres commerciaux au regard de l'artificialisation des sols et en interdisant l'autorisation de construction de centres commerciaux de plus de 10 000 m^2

[2] D. Misonne, F. Ost, « L'illusion du juste équilibre ou la variabilité de la jurisprudence du juge européen portant sur la balance des intérêts entre environnement et enjeux économiques » in *Pour un droit économique de l'environnement. Mélanges en l'honneur de G. J. Martin*, Paris, Frison-Roche, 2013

[3] CAA Marseille, 25 octobre 2016, 15MA01400

de centre de transit pour les Harkis à la fin de la guerre d'Algérie. Le juge administratif a estimé que la dérogation répondait à un objectif de nature sociale du fait des enjeux de souvenir, de transmission et d'éducation. Selon le juge « *l'édification d'un mémorial au cœur de ce site a vocation à garder la mémoire de ce passé, à permettre de l'expliquer, de la transmettre et d'éduquer les visiteurs* ». Ainsi, si ces enjeux éducatifs, culturels et sociaux ont jusqu'à présent été périphériques dans la jurisprudence relative aux RIIPM, il est certain qu'ils ont leur place dans les raisons impératives « *y compris de nature sociale ou économique* » (c'est nous qui soulignons).

109. Ainsi, les RIIPM, notion évolutive et adaptative, permet de mettre en adéquation les dérogations espèces protégées avec les intérêts importants de la société. Ce caractère d'indétermination, propre aux standards, permet au juge de contrôler, pour peu que ce contrôle soit poussé et exigeant, la pertinence des dérogations délivrées par l'administration. Cet aspect évolutif, que partagent les RIIPM avec l'intérêt général, permet à la notion de rester pertinente dans le temps et de continuer à jouer son rôle de garde-fou. Si nous disposons d'assez peu de recul sur cette jurisprudence relativement récente, il est certain que les projets reconnus comme RIIPM ne seront plus les mêmes dans 30 ans. Comme le soulignait Stéphane Rials en conclusion de sa thèse sur les standards, si la formule consacrée par Gaston Jèze veut que « *le droit vit ; il évolue sans cesse comme tout ce qui vit, sous l'influence du milieu. Observons sans cesse ce milieu : nous comprendrons mieux le droit* »[1], il est possible d'en tirer une formule symétrique selon laquelle

---

[1] G. Jèze, « Les principes généraux du droit administratif », 1925, t. 1, p. V

« *observons sans cesse le droit, nous comprendrons mieux la société* »[1].

Conclusion du chapitre 1

110. Nous avons donc vu que la notion des RIIPM relevait du concept de standard juridique. Ce caractère indéterminé et évolutif du standard juridique permet aux RIIPM de s'adapter aux valeurs et nécessités sociétales, et de continuer à rester pertinent et à garder son rôle de garde-fou. L'intérêt des RIIPM réside donc dans son caractère indéterminé et dans son utilisation prétorienne. De là, il est donc vain de vouloir figer une partir de cette jurisprudence par des présomptions. Au-delà de trahir un manque de confiance du législateur envers le juge administratif, elle fige la notion et lui fait donc perdre son intérêt principal. Cependant, cet aspect évolutif, au service du juge, ne doit pas faire tomber la jurisprudence dans un pur empirisme jurisprudentiel. La nécessité d'un certain degré de sécurité juridique nécessite la détermination d'un cadre cohérent d'interprétation, qui tienne compte de l'autonomie des RIIPM en droit administratif vis-à-vis de l'utilité publique, de l'autonomie en droit européen entre les deux occurrences de RIIPM, et de la nature de standard juridique de la notion.

[1] S. Rials, « Le juge administratif français et la technique du standard (Essai sur le traitement juridictionnel de l'idée de normalité) », Paris, L.G.D.J, 1980

Chapitre 2 : Vers un cadre cohérent d'interprétation

111. Malgré plusieurs arrêts du Conseil d'Etat qui ont tenté d'harmoniser l'interprétation des RIIPM de l'article L. 411-2 du code de l'environnement, notamment en excluant la méthode de la mise en balance, les juges du palais royal ne sont jamais allés jusqu'à proposer une véritable définition claire de leur contrôle des RIIPM, laissant ce rôle à la doctrine. Cependant, la mise en place d'un cadre cohérent et harmonisé d'interprétation est nécessaire au nom de l'égalité de traitement des justiciables et de la nécessité d'un certain niveau de sécurité juridique (**Section 1**). Face à cela, nous proposons de définir un double cadre d'interprétation des RIIPM, qui tienne compte de leur nature de standard juridique, en maintenant le caractère indéterminé de la notion, et qui tienne compte de l'autonomie des raisons impératives de l'article L. 411-2 du code de l'environnement par rapport au contrôle de l'utilité publique et à la méthode d'interprétation des RIIPM en matière d'atteinte aux sites Natura 2000 développée par la CJUE (**Section 2**).

Section 1. La nécessité d'une grille de lecture : une méthode au nom de la sécurité juridique et de l'harmonisation des interprétations

112. Face à la variété des jurisprudences et au flou qui entoure l'interprétation des RIIPM de l'article L. 411-2, du fait de l'absence de méthode fixée et consacrée d'interprétation, il est nécessaire que les juridictions administratives interprètent les RIIPM en suivant la même méthode. Cette réponse homogène est nécessaire au regard de la sécurité juridique et de l'égalité de traitement des justiciables (§1). Cependant, l'élaboration d'une méthode unifiée se heurte pour le moment aux vides laissés par la jurisprudence française et européenne (§2).

§1 : La nécessité d'une réponse cohérente et harmonisée des juridictions

113. Une jurisprudence relativement cohérente – Le besoin d'un cadre unique d'interprétation, d'identification des RIIPM en matière de dérogations espèces protégées, devant l'ensemble des tribunaux administratifs et cours administratives d'appel s'explique d'abord par la nécessité d'une égalité de traitement des justiciables, partout sur le territoire. Ce principe, consacré au niveau constitutionnel[1] et au niveau de la Convention européenne de sauvegarde des droits de l'Homme et des libertés fondamentales[2], impose au Conseil d'Etat, dans son rôle de Cour régulatrice de la justice administrative de veiller à ce que la réponse à une même question soit la même dans toutes les juridictions. C'est une des composantes essentielles du contrôle de cassation. Jusqu'à présent, le Conseil d'Etat n'a que partiellement rempli ce rôle d'harmonisation concernant l'identification des raisons impératives. Pourtant, conscient de la grande marge de manœuvre des juges concernant cet outil au caractère très largement prétorien, le juge du palais royal, dans son office de cassation, contrôle les RIIPM sous le prisme de la

---

[1] Cons. Const., décision n°75-56 DC du 23 juillet 1975 relative à la loi modifiant et complétant certaines dispositions de procédure pénale spécialement le texte modifiant les articles 398 et 398-1 du code de procédure pénale

[2] L'article 6 de la Convention consacre un droit au procès équitable

qualification juridique des faits, un contrôle poussé. Cependant, nous ne constatons pas, dans le panorama général des décisions des juridictions du fond, de contradiction évidente entre des décisions de différentes juridictions. Cela tient en partie au fait que la reconnaissance des RIIPM relève d'un contrôle *in concreto*. Chaque projet étant différent dans ses caractéristiques, dans son contexte territorial, qu'il est difficile pour les juges de rentrer frontalement en contradiction. De plus, on constate, en analysant la jurisprudence par type de projet, que les différentes juridictions partagent souvent le même niveau d'exigence. Par exemple, concernant les carrières, le nombre d'annulation pour défaut de RIIPM est très important, sûrement le plus important de l'ensemble du contentieux des dérogations espèces protégées[1]. En revanche, en matière d'infrastructures de transport, les TA et CAA dans leur ensemble semblent reconnaitre plus facilement que ces projets répondent à une RIIPM. Il faut préciser que dans ces deux cas, les solutions dégagées par les juridictions étaient déjà similaires avant même que le Conseil d'Etat ne se soit prononcé une seule fois dans ces secteurs pour paver la voie des juridictions inférieures. Néanmoins, si le résultat de la réflexion des juges administratifs semble être globalement la même, la méthode d'identification a pu varier sensiblement.

114.**Une diversité de méthodes d'interprétation, un risque d'empirisme juridique** – Comme nous l'avons vu, les juridictions administratives ont été divisées entre deux appréciations. D'abord une appréciation « *absolue* », réservant le critère de RIIPM aux projets « *exceptionnels* »

[1] Voir notamment, CE, 30 décembre 2022, n°439766 ; CAA Nancy, 8 juillet 2021, 19NC00490 ; CAA Nantes, 21 octobre 2022, 19NT01477 ; TA Besançon, 4 juillet 2019, n°180179 ;

ou « *indispensables* »[1] puis une appréciation « *relative* », reprenant la technique du bilan coût-avantage et exigeant un intérêt à la hauteur des atteintes aux espèces attendues par le projet[2]. Depuis, si le Conseil d'Etat a tranché en 2020 en excluant tout bilan, il a également exclu les adjectifs « exceptionnel » et « indispensable ». La seule précision réelle précision sur les modalités du contrôle des RIIPM tient au fait qu'il doit s'agir d'un contrôle *in concreto*. Le projet doit répondre, « *par sa nature et compte tenu des intérêts économiques et sociaux en jeu* »[3] à une raison impérative. Cette absence d'une technique d'identification élaborée, plus claire, nuit à l'harmonisation de la jurisprudence et donc à l'égalité de traitement des justiciables. Jusqu'en 2020, il était plus avantageux pour des porteurs de projet de se situer dans une le ressort d'une juridiction administrative qui suivait la voie tracée par la CAA de Douai dans son arrêt de 2015, préconisant un bilan coût-avantage et admettant la reconnaissance du critère de RIIPM pour des projets moins importants. Ces différences d'appréciation, qui n'ont pas entièrement disparu à cause du flou laissé par le Conseil d'Etat, contiennent le risque de ce que Marcel Waline qualifiait d'« *empirisme de la méthode juridique* »[4]. Dans un débat sur la nécessité de disposer ou non de catégories juridiques dans lesquelles faire entrer des objets par le biais de la qualification juridique, comme il s'agit aujourd'hui de la question de faire entrer ou non un projet dans la catégorie des RIIPM, Marcel Waline affirmait la nécessité de conserver des catégories juridiques

---

[1] CE, 9 octobre 2013, n°366803 *Op. cit.*

[2] CAA Douai, 15 octobre 2015, 14DA02064, Ecologie pour le Havre *Op. cit.*

[3] CE, 3 juin 2020, n°425395, La Provençale *Op. cit.*

[4] M. Waline, « Empirisme et conceptualisme dans la méthode juridique : faut-il tuer les catégories juridiques ? », *in Mélanges en l'honneur de Jean Dabin*, Bruxelles, Bruylant, Vol. 1, 1963, pp. 359-371

sans quoi finalement, un procès ne sera jugé selon aucune autre règle que celle de l'équité. Sans ces catégories juridiques, prédéfinies à l'avance, et sans méthode pour les identifier, Waline soulève le risque de la justice arbitraire. « *La jurisprudence fait ainsi de la casuistique, et elle a raison d'en faire. Il faut diversifier la règle selon les circonstances pour la faire « coller » au plus près de la Justice. Mais une telle casuistique ne saurait aller, sans encourir les reproches adressés plus haut à l'arbitraire absolu du juge, jusqu'à ce que M. Rivero a appelé l'* « *impressionnisme juridique* » *[...]. Et les catégories juridiques elles-mêmes ne peuvent être que des concepts. Une catégorie juridique purement fonctionnelle ne peut se justifier. Elle n'est plus qu'un mot – sunt voces et verba praetereaque nihil – si elle est sans définition aucune. Elle n'est alors qu'une étiquette que le juge applique à sa fantaisie sur les situations juridiques à lui soumises, pour en tirer certaines conséquences qu'il est décidé à faire passer dans le dispositif de sa décision, sans se préoccuper autrement de savoir si cette situation répond à des conditions déterminées* »[1]. Ainsi, la jurisprudence en matière de RIIPM, encadrée à minima par le Conseil d'Etat, contient en elle le risque de cet empirisme juridique, synonyme d'arbitraire. Une part de casuistique est nécessaire, car l'appréciation *in concreto* et le caractère adaptatif des RIIPM sont ce qui fait la force de ce critère, mais elle doit être solidement bornée par le Conseil d'Etat pour éviter que les RIIPM ne soient qu'une simple étiquette ou un simple label, et prévenir les solutions arbitraires.

115. **Une méthode d'interprétation au nom de la sécurité juridique** – Enfin la mise en place d'une méthode fixe d'interprétation est nécessaire au nom de la sécurité juridique des porteurs de projet. La sécurité juridique est un

[1] *Ibid.* p. 367

principe relativement nouveau du droit administratif. Dans son rapport annuel de 2006[1], le Conseil d'Etat définit la sécurité juridique comme une réponse à l'inflation normative et à la complexification du droit. Les considérations de sécurité juridique doivent conduire à un droit plus stable et prévisible pour les justiciables. Si ce principe n'est pas exempt de critiques, et doit forcément être concilié avec d'autres principes importants tels que l'égalité devant la loi ou encore le droit à un recours effectif, il est néanmoins nécessaire dans une certaine mesure. En matière de RIIPM, l'exigence de prévisibilité du droit doit permettre aux requérants et aux défendeurs de savoir dans le cadre d'un recours pour excès de pouvoir contre une dérogation espèce protégée de savoir comme le juge va procéder pour identifier si le projet répond bien à un intérêt public majeur. Plus globalement, un porteur de projet, au moment de déposer une demande de dérogation espèce protégée, doit pouvoir savoir comment la préfecture va raisonner pour délivrer ou non la dérogation et comment le juge va contrôler l'administration et le dossier de demande de dérogation. Cette prévisibilité doit permettre aux porteurs de projet de mieux concevoir les projets et de mieux argumenter les dossiers de demande de dérogation pour maximiser leurs chances. De là, l'absence de prévisibilité empêche l'amélioration des projets, comme cela a pu être le cas lorsque le juge administratif a construit une véritable jurisprudence autour du contrôle de l'étude d'impact, qui a permis d'en faire un outil bien plus pertinent et qui a participé à améliorer la prise en compte de l'impact environnemental des projets[2].

---

[1] Conseil d'Etat, Rapport public 2006, Paris, La documentation française, EDCE n°57, p. 229 et s.

[2] E. Naim-Gesbert, « Droit général de l'Environnement. Introduction au droit de l'environnement », *Op. cit.*, p. 209

116. La nécessité d'une égalité de traitement des justiciables, le besoin de stabilité et de sécurité juridique pour les porteurs de projet le risque d'arbitraire que fait courir cet « *impressionnisme juridique* »[1], nécessite de dégager des lignes claires par le biais d'une méthode unique, cohérente, d'interprétation des raisons impératives.

§2 : L'absence de grille de lecture stable des raisons impératives

117. Les éléments de méthode déjà déterminés – Pour parvenir à établir une méthode d'interprétation pertinente, cette méthode doit prendre en compte plusieurs questions d'interprétation qui ont déjà été tranchées par le juge, de préférence la CJUE qui a le dernier mot dans l'interprétation du droit européen. Nous disposons principalement de deux indications sur l'interprétation à porter aux RIIPM. D'une part, à partir de son arrêt *Solvay*, la CJUE exige qu'en matière de sites Natura 2000, les RIIPM doivent être mis en balance avec l'objectif de la directive, dont nous avons déduit qu'il s'agissait des objectifs de conservation de chaque site. Le cadre d'interprétation, pour être conforme à la jurisprudence de la Cour doit donc conduire à interpréter les RIIPM de l'article L. 414-4 du code de l'environnement par le biais d'une mise en balance. D'autre part, le Conseil d'Etat a posé, dans l'arrêt de principe *la Provençale*, que les RIIPM de l'article L. 411-2 du code de l'environnement devaient faire l'objet d'une mise en balance. Cependant, comme nous l'avons vu, en excluant de cette étape la prise en compte du degré d'atteinte aux espèces protégées, le Conseil d'Etat n'a

---

[1] Expression de Rémi Radiguet in « Dérogations aux espèces protégées : faut-il rester de marbre face à la condition de raison impérative d'intérêt public majeur ? », *JCP A*, 2020, n°35, p. 36

donné à cette mise en balance qu'une portée cosmétique, en refusant de rapprocher la détermination des RIIPM de tout bilan coût-avantage. Il est donc nécessaire de proposer une méthode d'interprétation des RIIPM de l'article L. 411-2 qui soit distincte d'une véritable mise en balance. La détermination d'une méthode d'interprétation des RIIPM, qui couvre à la fois les articles L. 411-2 et L. 414-4 doit donc prendre en compte ces deux jurisprudences pour correspondre à la fois aux exigences de la CJUE et aux points d'interprétation fixés par le Conseil d'Etat et largement repris par l'ensemble des juridictions administratives de fond.

118. Les éléments de méthode à déterminer – Si la question de la méthode d'interprétation des RIIPM se pose, c'est qu'il reste des points d'ombre, notamment dans l'articulation entre la jurisprudence de la CJUE et celle du Conseil d'Etat. Une partie de la doctrine estime que le refus de la part du Conseil d'Etat de véritablement opérer une mise en balance pour déterminer les RIIPM en matière de dérogation espèces protégées entre en contradiction avec la jurisprudence communautaire[1]. Cependant, la thèse que nous avons développée d'une autonomie des RIIPM en matière de dérogations espèces protégées par rapport à la jurisprudence de la CJUE permet d'articuler ces deux jurisprudences, communautaires et internes. En effet, si nous considérons que chacune de ces interprétations porte sur une notion distincte et autonome, alors il n'y a pas de contradiction. Or, si nous avons vu les larges interrelations entre ces deux jurisprudences et l'absence de distinction dans le raisonnement du juge administratif, aucune argumentation de l'un des deux degrés de juridiction ne s'oppose à l'établissement d'une telle distinction. Seuls les

---

[1] J-R Mauzy, « Sur la balance de l'intérêt public majeur, que pèsent les intérêts économiques et sociaux ? » *Op. cit.*

guides d'interprétation de la Commission, sans portée juridique, plaident pour une interprétation unifiée des deux occurrences des RIIPM. La CJUE n'a jamais eu l'occasion de se prononcer sur les RIIPM de l'article 16 de la directive Habitats, et rien ne dit qu'elle décidera de les interpréter de manière identique. Concernant la jurisprudence française, si la CAA de Nantes dans un arrêt[1] a utilisé le même raisonnement, issu des arrêts PCE du Conseil d'Etat, pour déterminer les RIIPM des articles L. 411-2 et L. 414-4, jusqu'à présent le juge administratif s'est très peu prononcé sur les RIIPM en matière de site Natura 2000 et le Conseil d'Etat n'a jamais eu l'occasion de le faire. La porte est donc ouverte à la reconnaissance d'une double-méthode d'interprétation, distincte selon qu'il s'agisse d'une dérogation à la protection d'un site ou d'une dérogation à la protection des espèces. Cette double-méthode permet donc d'apporter un cadre cohérent d'interprétation tout en respectant la jurisprudence antérieure.

119.La nécessité d'une question préjudicielle – Si dans la section suivante nous nous proposons d'élaborer un exemple de méthode d'interprétation, qui tienne compte de la jurisprudence déjà établie et de la thèse que nous avons défendue à savoir celle de l'autonomie des RIIPM, cette tentative de remplissage du vide trahit le besoin de clarification que doit apporter le juge dans ce contentieux important. Particulièrement, il serait pertinent, comme le demandent certains auteurs de la doctrine[2] que le juge administratif effectue un renvoi préjudiciel à la CJUE afin de trancher plusieurs questions en suspens en matière d'interprétation de l'article 16 de la directive Habitats.

---

[1] CAA de Nantes, 5 avril 2022, 19NT02389 *Op. cit.*

[2] V. notamment G. Audrain-Demey, « Aménagement et dérogation au statut des espèces protégées : la « raison impérative d'intérêt public majeur » au cœur du contentieux » *Op. cit.*

D'abord, il serait intéressant de demander à la Cour comment interpréter les RIIPM de l'article 16 de la directive Habitats, et s'il est possible de distinguer deux versions des RIIPM, avec deux méthodes d'interprétation distincte. Ensuite, cette question préjudicielle pourrait être l'occasion de demander à la Cour si l'obligation dégagée par le Conseil d'Etat dans son avis du 9 décembre 2022[1] d'obtenir une dérogation espèce protégée uniquement en cas de risque d'atteinte caractérisée n'est pas contraire aux dispositions de la directive, telles qu'interprétées par la CJUE qui s'est opposée à plusieurs reprises aux tentatives des Etats-membres de réduire le champ d'application des dérogations à la protection des espèces[2]. Cependant, si une telle question préjudicielle serait bienvenue, et qu'au regard des hésitations des juges, l'article 16 pose des difficultés sérieuses d'interprétation, il serait très surprenant qu'un juge transmette une question préjudicielle dont la réponse risquerait de mettre en lumière le caractère « *inconventionnel* » de la jurisprudence du Conseil d'Etat.

Section 2. Une proposition de double méthode d'interprétation

120. Après avoir vu la nécessité de dégager une méthode unique d'interprétation des raisons impératives, de disposer de lignes claires face à cet impressionnisme jurisprudentiel, et après avoir fait l'inventaire des questions d'interprétation déjà tranchées par le Conseil d'Etat et la CJUE, il convient à présent de proposer cette méthode d'interprétation,

---

[1] CE, Sect., avis, 9 décembre 2022, n°463563, Association Sud Artois *Op. cit.*

[2] J. Bétaille, « la protection européenne des espèces sauvages mise à mal par le Conseil d'Etat » *Op. cit.*

double, fondée sur les deux degrés d'autonomie des RIIPM que nous avons démontré plus haut. Ainsi, dans un premier temps, nous proposons de reprendre la méthode d'interprétation des RIIPM de l'article 6 §4 établie par la CJUE, à savoir la mise en balance (§1). Ensuite, en nous inspirant notamment de plusieurs travaux doctrinaux, nous proposons une méthode d'interprétation des raisons impératives de l'article 16 en 3 temps, distincte de toute mise en balance (§2).

§1 : L'interprétation des raisons impératives de l'article 6, paragraphe 4 : une mise en balance

121. Une méthode consacrée – Concernant les RIIPM de l'article 6 paragraphe 4, qui permettent de porter atteinte à la protection des sites Natura 2000 malgré les conclusions négatives de l'évaluation des incidences, la méthode d'interprétation a déjà été posée par la jurisprudence de la CJUE. Cette méthode d'interprétation, la mise en balance, a été dégagée dans sa forme actuelle par l'arrêt *Solvay*[1]. L'identification des raisons impératives d'intérêt public majeur, plus particulièrement les caractères « *public* » et « *majeur* » implique que cet intérêt soit d'une telle importance « *qu'il puisse être mis en balance avec l'objectif de conservation des habitats naturels, de la faune et de la flore sauvage poursuivi par cette directive* ». Nous avons déduit de cette formule, qui porte sur la possibilité de porter atteinte à un site Natura 2000, qu'il s'agissait d'une mise en balance entre d'une part, l'intérêt justifiant le projet, apprécié *in concreto*, au regard de la nature et des caractéristiques d'un projet, et d'autre part les objectifs de conservation du site. Ces objectifs sont propres à chaque

[1] CJUE, 16 février 2012, C-182/10, Marie-Noëlle Solvay e. a. c/ Région Wallonne

zone spéciale de conservation ou zone de protection spéciale, et sont plus ou moins exigeants selon les enjeux écologiques de la zone. Notamment, concernant les espèces et habitats prioritaires, les objectifs de conservation sont censés être plus ambitieux. Si nous avons vu que la mise en balance telle que reprise par le juge administratif, sous une forme proche d'un bilan coût-avantage était moins protecteur de l'intérêt environnemental, ici cette mise en balance est plus protectrice. En effet, alors que dans un premier temps, la jurisprudence de la CJUE s'était contentée d'exiger une mise en balance des RIIPM et de l'absence de solution alternative avec les atteintes portées aux sites[1], à partir de l'arrêt *Solvay*, la logique est différente. Il ne s'agit plus de mettre en adéquation l'intérêt du projet avec ses potentielles atteintes mais avec les enjeux écologiques du site, matérialisés par les objectifs de conservation. Si nous savons que la protection de la biodiversité nécessite d'interpréter ces dispositifs dérogatoires de façon stricte, la CJUE a montré que cette mise en balance pouvait être une technique exigeante et restrictive. Dans son arrêt de grande chambre *Inter Environnement Wallonie*[2], ou la Cour a mis en application cette idée de gradation des intérêts répondant à une RIIPM selon les objectifs de conservation de chaque site, mais en plaçant la barre haute, y compris pour les sites non prioritaires. Pour rappel, il s'agissait d'une question préjudicielle concernant les obligations de l'Etat Belge concernant la prolongation de la durée de vie de centrales nucléaires. La grande chambre a estimé de manière classique que l'objectif d'assurer la sécurité de l'approvisionnement en électricité constituait une raison impérative d'intérêt public majeur de nature à être mis en

---

[1] CJCE, 26 octobre 2006, C-239/04, Commission c/ Portugal

[2] CJUE, grande chambre, 29 juillet 2019, C-411/17, Inter Environnement Wallonie ASBL *Op. cit.*

balance avec les objectifs de conservation du site. En revanche, s'il s'agit de la position pour les sites « *classiques* », concernant les sites abritant une espèce protégée ou un habitat prioritaire, la CJUE a estimé que « *seule la nécessité d'écarter une menace réelle et grave de rupture de l'approvisionnement en électricité de l'Etat membre concerné est de nature à constituer, dans des circonstances telles que celles en cause au principal, une raison de sécurité publique susceptible (...) de justifier la réalisation du projet* »[1]. La Cour met ici clairement en œuvre une mise en balance avec des degrés d'admission des atteintes plus ou moins exigeants selon le niveau des objectifs de conservation. Il sera plus difficile pour un projet de répondre à un intérêt justifiant de porter atteinte à un site abritant des espèces ou habitats prioritaires. Même si cette gradation implique une appréciation plus relative des RIIPM, la CJUE maintient, pour tous les niveaux d'objectifs de conservation, un niveau d'exigence élevé.

122.Une méthode ignorée en droit français – Jusqu'à présent, cette solution n'a pas été appliquée en droit français. D'une part, malgré le très faible nombre d'arrêts, nous avons pu voir que jusqu'à présent, le juge administratif français n'a pas distingué son identification des RIIPM selon qu'ils relèvent de l'article L. 411-2 ou de l'article L. 414-4 du code de l'environnement. Un des seuls arrêts à se prononcer sur les RIIPM de l'article L. 414-4, rendu par la CAA de Nantes, a procédé à une unique identification des RIIPM à la fois pour les sites Natura 2000 et pour les espèces protégées. D'autre part, à partir de l'arrêt CAA de Douai, une partie des juridictions ont repris la jurisprudence européenne de la mise en balance en matière de dérogations espèces protégées. Cette jurisprudence, notamment l'arrêt *Inter Environnement Wallonie* ont été également repris par

[1] *Ibid.*

le Conseil d'Etat pour consacrer l'utilisation de l'expression de mise en balance dans le considérant de principe de l'arrêt *La Provençale.* Consacrer une double-méthode d'interprétation des RIIPM implique donc que les juges administratifs, et particulièrement le Conseil d'Etat, opèrent une distinction entre les deux versions des RIIPM, et réserve la « *mise en balance* », à la fois dans l'expression et dans le concept, ainsi que la jurisprudence de la CJUE, à l'interprétation des RIIPM dans le cadre des sites Natura 2000 et de l'article L. 414-4 du code de l'environnement.

§2 : L'interprétation des raisons impératives de l'article 16 : une méthode en 3 temps distincte de toute mise en balance

123. Une absence de méthode – La séparation en deux méthodes d'interprétation implique, comme nous venons de le voir, de réserver l'application de la jurisprudence de la CJUE en matière de RIIPM, aux sites Natura 2000, étant donné que jusqu'à présent la CJUE ne s'est prononcée que sur la base de l'article 6 §4. L'interprétation des RIIPM de l'article L. 411-2, donc dans le cadre des dérogations espèces protégées, qui représente le cœur du contentieux des dérogations espèces protégées[1] se trouve donc sans base posée par la CJUE sur laquelle se reposer. De plus, les différents considérants de principe consacrés par le Conseil d'Etat ne forment pas une méthode en tant que telle. Les seules indications qu'il est possible de tirer de ces considérants de principe selon lesquels « *s'il répond par sa nature et compte tenu des intérêts économiques et sociaux*

[1] La doctrine et la jurisprudence en France se focalise presque exclusivement sur l'interprétation de l'article L. 411-2 du code de l'environnement

en jeu, tels que notamment le projet urbain dans lequel il s'inscrit, à une raison impérative d'intérêt public majeur »[1], c'est que l'appréciation des RIIPM doit se faire *in concreto*, et s'attacher aux caractéristiques et au contexte de l'opération projetée. Face à ce vide, il est nécessaire, comme nous l'avons vu, d'élaborer une méthode, une grille de lecture des RIIPM de l'article L. 411-2 du code de l'environnement. Cette méthode qui reste à élaborer doit répondre au besoin de conserver le caractère strict et exigeant du critère.

124.Des propositions doctrinales – Face aux hésitations de la jurisprudence, certains auteurs ont proposé une méthode inédite, qui se fonde sur la structure de la formule des raisons impératives d'intérêt public majeur. Simon Jolivet propose dans son commentaire de l'arrêt de la CAA de Douai de 2015 un contrôle en trois temps[2] : un contrôle de l'intérêt public, un contrôle de son caractère majeur et enfin un contrôle de son caractère impératif. Dans un premier temps, un contrôle de l'intérêt public du projet qui peut être rapproché du contrôle de l'intérêt général, et qui serait un contrôle *in abstracto*. Dans un deuxième temps, le contrôle bascule dans une dimension *in concreto*, avec le contrôle du caractère « *majeur* » de cet intérêt public. Pour Simon Jolivet, qui estime qu'il n'y a pas de distinction entre deux versions des RIIPM selon qu'il s'agisse des espaces ou des espèces, le contrôle de ce caractère majeur doit se faire au moyen de la mise en balance, telle que reprise par la CAA de Douai, à savoir une balance entre l'intérêt du projet et le niveau d'atteinte. Dans un troisième temps, le juge doit contrôler le caractère « *impératif* » du projet. Pour Simon

---

[1] CE, 25 mai 2018, n°413267, Société PCE *Op. cit.*

[2] Simon Jolivet, « Dérogations « espèces protégées » et raisons impératives d'intérêt public majeur : des précisions et des interrogations » *Op. cit.*, p. 387

Jolivet, étymologiquement ce contrôle du caractère impératif se rapprocherait du contrôle du caractère indispensable. Cette proposition est intéressante dans son idée d'un contrôle en trois temps, appuyé sur la structure de la formulation si particulière de cette notion. Cependant, cette proposition se distingue de ce que nous proposons dans la mesure où il s'agit d'une méthode d'interprétation unique des RIIPM, qui intègre la mise en balance dans l'appréciation des raisons impératives de l'article L. 411-2. Dans son rapport[1], Morgane Massol reprend cette idée d'une analyse en trois composantes pour identifier les RIIPM par secteur. Ainsi, elle tente d'analyser dans chaque jurisprudence, par type de projet, ce qui relève dans l'analyse du juge du caractère impératif, du caractère majeur ou de la reconnaissance de l'intérêt public. Par exemple en termes d'infrastructures, elle estime que l'intérêt public peut être identifié par la présence d'une DUP ou d'un objectif de diminution du trafic routier. Le caractère majeur est identifié par la possibilité de réduire sensiblement des problèmes de trafic, et le caractère impératif est identifié par la saturation ou le vieillissement des équipements existants[2]. Si cette approche qui reprend la proposition de Simon Jolivet est intéressante, car elle essaie de rationaliser la jurisprudence on peut cependant y voir une limite dans la mesure où il est clair qu'actuellement le juge ne réfléchit pas selon ces 3 temps. Placer cette grille d'analyse sur la jurisprudence préexistante est intéressante pour identifier les lignes de force dans chaque secteur, mais cela comporte le risque de réécrire l'argumentation du juge, et la manière dont il a pu identifier qu'un projet répondait bien à une raison impérative.

---

[1] M. Massol, « Les dérogations aux interdictions relatives aux espèces protégées. Analyse du contentieux » *Op. cit.*

[2] *Ibid.* p. 47

125. Notre proposition de méthode – De là, il nous reste donc à exposer notre proposition de méthode. Cette proposition tient compte de l'autonomie que nous avons démontrée entre les RIIPM en matière d'atteinte aux sites Natura 2000 et de dérogations espèces protégées et ne comporte donc pas de mise en balance, que nous réservons à l'interprétation de l'article L. 414-4. Reprenant l'idée de Simon Jolivet, il s'agit à nouveau d'une méthode en 3 temps basée sur la structure « verbale » des raisons impératives d'intérêt public majeur. Il s'agit d'identifier chaque élément de la formule : un intérêt public, son caractère majeur et son caractère impératif. Dans un premier temps, l'identification de l'intérêt public se fait *in abstracto*. Cette identification est similaire à celle d'un motif d'intérêt général dans le cadre d'une déclaration d'utilité publique. Dans un second temps, l'identification du caractère majeur de cet intérêt public. Il s'agit d'un contrôle *in concreto*, fondé sur le projet. Ce caractère majeur se réfère plutôt à la dimension spatiale de l'opération. Il s'agit de voir si le projet a une importance significative, notamment au regard des enjeux territoriaux en présence, pour justifier que soit dérogé à la protection des espèces. Par exemple, dans le cadre des énergies renouvelables, la contribution aux objectifs de production d'énergie renouvelable pourrait répondre au caractère majeur du projet. L'importance du projet au regard des enjeux territoriaux peut se faire à l'appui des documents de planification comme le SCoT comme cela a pu être fait, en revenant partiellement sur le principe d'indépendance des législations. Dans un troisième temps, l'identification du caractère impératif du projet. Il s'agit également d'un contrôle *in concreto*. Ce caractère impératif du projet se réfère plutôt à la dimension temporelle de l'opération. Selon le Larousse, la troisième définition de l'adjectif impératif est « *qui s'impose avec nécessité, avec* *urgence* »[1]. Ainsi, la détermination du caractère impératif nécessite de se poser la question de la nécessité de l'opération au regard de la période, par exemple des enjeux de transition écologique ou de souveraineté énergétique. Pour reprendre une expression tirée de l'intitulé d'un texte du bloc de constitutionnalité, la question est de savoir si l'opération est « *particulièrement nécessaire à notre temps* »[2].

126. Cette méthode d'identification et de contrôle des RIIPM de l'article L. 411-2 4° c) du code de l'environnement, a pour objectif de traduire l'aspect adaptatif des RIIPM, en laissant à l'appréciation prétorienne du juge l'identification de ces aspects spatiaux et temporels, et d'établir un contrôle qui s'intéresse à toutes les facettes du projet et du contexte dans lequel il s'inscrit. Cette proposition d'une grille de lecture fixée et clairement déterminée, étape par étape, a pour but de rationaliser le contrôle du juge et de fournir une lecture cohérente des RIIPM, première condition d'obtention d'une dérogation à la protection des espèces[3].

Conclusion du chapitre 2

127. Nous avons donc vu aussi comment il était possible d'interpréter les RIIPM. D'une part, au-delà du caractère indéterminé de la notion et des hésitations jurisprudentielles, il est nécessaire, au nom de la sécurité juridique et de l'égalité de traitement des justiciables que cette notion face l'objet d'une grille de lecture cohérente et harmonisée. Face à cette nécessité, nous avons proposé une

---

[1] https://www.larousse.fr/dictionnaires/francais/impératif/41844

[2] Formule reprise du premier alinéa du Préambule de la Constitution du 27 octobre 1946

[3] Voir représentation schématique des deux méthodes d'interprétation en Annexe 1

double méthode d'interprétation, respectueuse de l'autonomie entre deux types de raisons impératives au niveau de la directive Habitats, et respectueuse de l'autonomie interprétative des raisons impératives dans la jurisprudence administrative française vis-à-vis de la technique du bilan coût-avantage dans la détermination de l'utilité publique. Cette double-méthode, consiste d'un côté, concernant les RIIPM des sites Natura 2000 à faire une mise en balance entre l'intérêt du projet, apprécié in concreto, avec les objectifs de conservation du site. De l'autre côté, inspirée de la doctrine, notre proposition de méthode d'interprétation des RIIPM en matière de dérogations espèces protégées se réalise en trois temps, avec la détermination d'un intérêt public, puis l'examen de son caractère majeur et impératif.

Conclusion de la Partie III

128. L'analyse de la nature des raisons impératives nous a révélé sa nature de standard juridique, notion indéterminée, au caractère adaptatif entre les mains des juges. C'est ce caractère de standard juridique qui fait l'intérêt des RIIPM, permettant au juge d'adapter son appréciation aux besoins de la société. Pour autant, cette nature indéterminée présentant un risque d'empirisme juridique et d'insécurité pour les justiciables, il est nécessaire d'établir une grille de lecture pour rationaliser et cadrer l'appréciation du juge. De là, il nous est paru pertinent, au regard des démonstrations précédentes, notamment des deux degrés d'autonomie de la notion de raisons impératives, d'élaborer une double-méthode d'interprétation. D'une part, une méthode d'interprétation des RIIPM en matière d'atteinte aux sites Natura 2000, qui passe par une mise en balance entre l'intérêt de l'opération et les objectifs de conservation et d'autre part une méthode d'interprétation des RIIPM en matière de dérogations espèces protégées, qui soit une méthode en 3 temps, visant à constater l'intérêt public, le caractère majeur et le caractère impératif du projet. L'intérêt de cette double-méthode est de tenir compte des spécificités de la notion, et donc de développer une interprétation autonome, et de maintenir le caractère exigeant qui fait l'intérêt du critère des RIIPM.

CONCLUSION

129. Nous avons démontré le caractère autonome et particulier de la notion de RIIPM de l'article L. 411-2 du code de l'environnement. Le but était de démontrer la particularité, l'autonomie des RIIPM, l'impossibilité de l'assimiler avec d'autres notions, et de voir comment il était possible, en prenant en compte ces particularités, d'interpréter cette notion. D'abord nous avons démontré que malgré les tentatives de certains juges administratifs français, la nature et la méthode d'interprétation des RIIPM en matière de dérogations espèces protégées se distinguait de l'appréciation de l'utilité publique par le biais du bilan coût-avantage, une technique d'appréciation *in concreto*, mais bien moins protectrice de l'intérêt environnemental. Ensuite, au niveau européen, nous avons démontré la pertinence d'une distinction entre les deux occurrences des RIIPM dans la directive Habitats et de l'autonomie des RIIPM de l'article 16 par rapport aux RIIPM de l'article 6 §4. Cette distinction est pertinente tant au regard de l'élaboration de la directive Habitats, de ses inspirations, qu'au regard du dispositif dans lequel il s'insère. Cependant, il est certain qu'aujourd'hui, en l'absence de jurisprudence claire de la CJUE sur ce point, la Commission et le juge administratif français font une lecture unifiée de la notion. L'absence de jurisprudence de la CJUE sur l'interprétation des RIIPM de l'article 16 laisse cependant la porte ouverte à une nouvelle interprétation.

130. De là, en prenant en compte nos démonstrations précédentes, sur ce double-degré d'autonomie des RIIPM, tant au niveau du droit administratif français que du droit européen, nous avons tenté de saisir l'essence de la notion, pour aboutir à une interprétation autonome et pertinente au regard des différentes lignes de force de la notion. Nous avons constaté que les RIIPM répondent à tous les critères du concept de standard juridique. L'intérêt des RIIPM en tant que standard, réside donc dans leur caractère largement indéterminé et adaptatif entre les mains du juge. Ainsi, à partir de cette nature de standard juridique et du constat selon lequel il était nécessaire face l'impressionnisme jurisprudentiel découlant du contentieux des dérogations espèces protégées, de fournir une grille de lecture fixée, cohérente, qui trace des lignes claires dans l'interprétation des RIIPM. Cette grille de lecture, double, étant donné l'autonomie entre deux versions des raisons impératives, se caractérise donc d'une part par un contrôle sous forme d'une mise en balance pour les sites Natura 2000 et sous forme d'un contrôle en 3 temps, de l'intérêt public d'un projet puis de ses caractères majeur et impératif concernant les dérogations espèces protégées. Si aujourd'hui cette double méthode d'interprétation n'est pas celle qu'adoptent le juge européen et le juge français, l'absence de jurisprudence stabilisée, concernant l'article 16 de la directive Habitats pour la CJUE et concernant les RIIPM de l'article L. 414-4 du code de l'environnement pour le Conseil d'Etat, laisse la porte ouverte pour la consécration de cette nouvelle méthode.

131. Cependant, aujourd'hui, le développement des présomptions en droit français tend à vider l'usage prétorien de la notion dans les contentieux les plus importants, avec le risque de perdre ce rôle de filtre de projets que permettait la notion, et qui constitue une protection importante de l'intérêt environnemental au regard du taux d'annulations sur ce seul point. Le risque de perte progressive de cette exigence qui caractérise le contrôle des RIIPM devant le juge des dérogations espèces protégées rend nécessaire pour le juge de renforcer le contrôle des deux autres critères de légalité des dérogations, particulièrement l'absence de nuisance au maintien des espèces dans un état de conservation favorable. Aujourd'hui, ce critère ne fait pas l'objet d'un contrôle très poussé par le juge administratif. Comme pour l'absence de solution alternative satisfaisante, le Conseil d'Etat ne contrôle l'application de ces critères en cassation que sous le prisme de la dénaturation[1]. Il est probable que le juge administratif, qui est un généraliste par essence (il n'existe pas de juridiction administrative spécialisée en droit de l'environnement), soit plus à l'aise dans la manipulation d'un critère comme les RIIPM, proche de l'intérêt général et de l'utilité publique, pour lesquels il est particulièrement rodé, qu'un contrôle des solutions alternatives satisfaisantes, toujours difficile à contrôler *a posteriori*, au moment d'un contentieux et de l'état de conservation favorable, critère plus scientifique. Pourtant, au regard d'un instrument de protection de l'intérêt environnemental, dont le but est d'assurer la protection des habitats naturels et des espèces d'intérêt communautaire, ce critère du maintien dans un état de conservation favorable apparaît clairement comme le critère le plus pertinent pour assurer ce filtre des projets acceptables ou non au regard de la protection de l'intérêt naturel. En même temps qu'il affirme une valeur, ce critère est le plus ancré dans la réalité scientifique. Pour recentrer le contentieux autour de l'état de conservation favorable, on peut dégager trois pistes de réflexion. D'abord, il est nécessaire d'augmenter le niveau d'exigence de ce critère devant le juge administratif, en sortant du contrôle de la dénaturation pour aller vers un véritable contrôle de la qualification juridique des faits et appliquant strictement la jurisprudence de la CJUE, importante en matière d'état de conservation favorable, notamment d'appliquer le prisme du principe de précaution

[1] D. Guinard, « La nature à l'épreuve de la dénaturation : brèves remarques sur l'intensité du contrôle du juge de cassation dans le contentieux de l'interdiction de destruction des espèces protégées » *Op. cit.*

à la lecture de cet état de conservation favorable[1]. Ensuite, il pourrait être pertinent, pour faire primer ce critère, d'en faire chronologiquement le premier critère dans le contrôle du juge. Avant de se demander si le projet « *doit* » être fait, question à laquelle la reconnaissance ou non d'une raison impérative apporte la réponse, il serait pertinent de se demander si le projet « *peut* » être fait, au regard des incidences attendues du projet sur la biodiversité. Enfin, étant donné le caractère généraliste du juge administratif, il serait pertinent de faire en sorte que les avis rendus par les Conseils scientifiques régionaux du patrimoine naturel (CSRPN) se prononcent bien, clairement, sur la question du maintien des espèces dans l'état de conservation favorable et en appliquant, en cas d'absence de données, le principe de précaution qui doit conduire à ne pas accorder la dérogation. Ainsi, si jusqu'à présent, les RIIPM ont joué un rôle important de protection de l'intérêt environnemental, en conduisant le juge à annuler un nombre conséquent de dérogations espèces protégées, cela n'a tenu qu'à l'interprétation prétorienne du juge, qui est aujourd'hui menacée par la mise en place de présomptions au niveau législatif. Face à cela, *in fine*, c'est la mise en place de critères écologiques, aux assises scientifiques solides mais disposant d'un vrai caractère décisionnel, permettant au juge de trancher des litiges, comme pourrait le devenir l'état de conservation favorable, qui conduiront à la protection la plus pertinente et la plus exigeante du patrimoine naturel.

---

[1] CJUE, 10 octobre 2019, C-674/17, Association Tapiola ; AJDA 2020 p. 398, note P. Bonneville, C. Gänser, S. Markarian

BIBLIOGRAPHIE

I- Ouvrages généraux, manuels et traités

Philippe Billet, Jean-Marc Février, Grégory Kalflèche, Aurore Laget-Annamayer, Isabelle Michalet, Eric Naim Gesbert, Jean-Baptiste Seube, « Les grands arrêts du droit de l'environnement », Paris, Dalloz, 2017, 1ère édition

René Chapus, « Droit Administratif Général Tome 1 », Paris, Montchrestien (Domat Droit public), 2001, 15ème édition

Marc Clément, « Droit européen de l'environnement. Jurisprudence commentée », Bruxelles, Bruylant, 2021, 4ème édition

Jean-Louis Clergerie, Annie Gruber, Patrick Rambaud, Thierry Rambaud, « Droit institutionnel et matériel de l'Union européenne », Paris, Dalloz (Précis, Droit public, Science politique), 2022, 14ème édition

Mattias Guyomar, Bertrand Seiller et al. « Contentieux administratif », Paris, Dalloz (Hypercours), 2021, 6ème édition

Marcel Long, Prosper Weil, Guy Braibant, Pierre Delvolvé, Bruno Genevois, « Les grands arrêts de la jurisprudence administrative », Paris, Dalloz, 2021, 23ème édition

Éric Naim-Gesbert, « Droit général de l'environnement. Introduction au droit de l'environnement », Lexis-Nexis (Objectif droit, Cours), 2019, 3ème édition

François Ost, « La nature hors la loi. L'écologie à l'épreuve du droit », Paris, La Découverte, 2003

Michel Prieur et al., « Droit de l'environnement », Paris, Dalloz (Précis, Droit public, Science politique), 2019, 8ème édition

Raphaël Romi, Gaëlle Audrain-Demey, Blanche Lormeteau, « Droit de l'environnement et du développement durable », Paris, L.G.D.J, 2021, 11ème édition

Fanny Tarlet, « Droit administratif des biens », Paris, Dalloz (Hypercours), 2022, 1ère édition

Patrick Thieffry, « Manuel de droit européen de l'environnement et du climat », Bruxelles, Bruylant, 2021, 3ème édition

II-Ouvrages spécialisés, thèses et mémoires

Gaston Jèze, « Les principes généraux du droit administratif », Dalloz (Bibliothèque), 1925, tome 1

Stéphane Rials, « Le juge administratif français et la technique du standard (Essai sur le traitement juridictionnel de l'idée de normalité) », Paris, L.G.D.J (Thèses), 1980

Didier Truchet, « Les fonctions de la notion d'intérêt général dans la jurisprudence du Conseil d'Etat », Paris, L.G.D.J (Thèses), 1977

III- Articles

Carlos-Manuel Alves, « Nature sanctuarisée ou temple de la consommation ? Le Conseil d'Etat se fait sa religion », *AJDA* 2020, p. 576

Gaëlle Audrain-Demey « Aménagement et dérogation au statut des espèces protégées : la « raison impérative d'intérêt public majeur » au cœur du contentieux », *Dr. Env.* 2019, n°274, pp. 13-18

Emmanuelle Baron, « Arrêté portant dérogation à l'interdiction de destruction d'espèces protégées : l'intérêt public majeur, un équilibre raisonnable », *Droit administratif* n°1, Janvier 2016, pp. 30-32

Cyril Bardon, « L'intérêt public majeur : application par le juge national », *BDEI*, 2016, n°61, pp. 41-43

François Benech, Cécile Rolland, « Grands projets et raison impérative d'intérêt public majeur », *AJCT* 2021, p. 305

François Benech, « Les assouplissements du régime de « dérogation espèces protégées » », *AJCT* 2023, p. 348

Julien Bétaille, « La protection européenne des espèces sauvages mise à mal par le Conseil d'Etat », *RTD. Eur.* 2023, pp. 187-202

Philippe Billet, « La prise en compte de la faune sauvage dans le cadre des procédures d'aménagement, de gestion et d'occupation de l'espace : réalités d'une apparence juridique », *Nature Sciences Société,* 2006/Supp. 1, pp. 13-21

Philippe Billet, « Avis de tempête sur le droit de l'environnement », *EEI* 2022, n°10, pp. 1-2

Xavier Braud, « Opérations d'aménagement : le contrôle du juge sur la dérogation à la protection des espèces », *Dr. Env.*, 2015, n°238, pp. 334-339

Pierre Chevillard, « Précisions sur les conditions d'obtention d'une dérogation espèces protégées », *Gaz. Pal*, 2020, n°28, pp. 39-40

Marie Clemendot, Arnaud Vermersch, « Dérogation à la protection des espèces protégées : vers un raidissement de la jurisprudence ? », *Dr. Env.*, 2019, n°281, pp. 343-345

Antoine Le Dylio, Joséphine Jeanclos, « Avis du Conseil d'Etat sur les espèces protégées : un an après, quel bilan ? », EEI 2024, n°1, pp. 18-22

Morgane Frayssinet, « La théorie du bilan à l'épreuve du droit de l'environnement », *RJE* 2021/2, Vol. 46, pp. 283-289

Claire Giordano, « L'appréciation de l'« intérêt public majeur » d'un projet portant atteinte à des espèces et/ou habitats protégés », *JCP A*, 2022, n°17, pp. 27-31

Dorian Guinard, « La raison impérative d'intérêt public majeur, forteresse environnementale bâtie sur du sable (mouvant ?) », *JCP A*, 2022, n°17, pp. 31-34

Dorian Guinard, « L'articulation jurisprudentielle d'impératifs environnementaux antagoniques : quand la préservation de la biodiversité s'oppose (ou non) au développement d'énergies renouvelables », *RLC* 2022, n°120, pp. 30-34

Dorian Guinard, « L'articulation jurisprudentielle d'impératifs environnementaux antagoniques : quand la préservation de la biodiversité protégée s'oppose (ou non) au développement d'énergies renouvelables. Le contrôle par le juge administratif du développement des EnR dans le cadre de la dérogation « espèces protégées » », *RLC* 2022, n°121, pp. 41-43

Dorian Guinard, « La nature à l'épreuve de la dénaturation : brèves remarques sur l'intensité du contrôle du juge de cassation dans le contentieux de l'interdiction de destruction des espèces protégées », *JCP A*, 2022, n°17, pp. 31-34

Dorian Guinard, « La présomption de raison impérative d'intérêt public majeur des EnR », *JCP A* n°16, 24 avril 2023, pp. 14-17

Jerzy Jendrośka, Alina Anapyanova, « Towards a green energy transition : REPowerEU Directive vs Environmental Acquis », *Elni review*, 2023, vol. 23, pp. 1-5

Simon Jolivet, « Dérogations « espèces protégées » et raisons impératives d'intérêt public majeur : des précisions et des interrogations », *RJE* 2016/1, Vol. 41, pp. 382-388

Simon Jolivet, « De la survie des espèces menacées d'extinction à la lutte contre le déclin des populations. Réflexions sur l'efficacité du statut d'espèce protégée à partir du cas de la faune sauvage », *RJE* 2020/1, Vol. 45, pp. 101-121

Jessica Makowiak, Isabelle Michallet, « Droit de la protection de la nature », *RJE* 2019/3, Vol. 44, pp. 607-630

Jessica Makowiak, Isabelle Michallet, « Droit de la protection de la nature », *RJE* 2021/3, Vol. 46, pp. 637-657

Jean-Roch Mauzy, « Raison impérative d'intérêt public majeur : un projet doit-il nécessairement être indispensable, exceptionnel et urbain ? », *BDEI*, 2019, n°79, pp. 45-50

Jean-Roch Mauzy, « Sur la balance de l'intérêt public majeur, que pèsent les intérêts économiques et sociaux ? », *BDEI*, 2021, n°91, pp. 50-55

Michel Perret, « L'intérêt public majeur : la pratique du ministère », *BDEI* 2016, n°61, pp. 37-39

Adrien de Prémorel, « Quel droit à la destruction des espèces protégées ? », *Gazette IDPA*, n°34, novembre 2018, 4

Rémi Radiguet, « Dérogations aux espèces protégées : faut-il rester de marbre face à la condition de raison impérative d'intérêt public majeur ? », *JCP A*, 2020, n°35 pp. 34-36

Rémi Radiguet, « Pour une interprétation stricte des critères de dérogation au statut d'espèce protégée », *RJE* 2017/3, Vol. 42, pp. 581-596

Nicolas de Sadeleer, « Droit communautaire de protection de la nature », *RJE* 1992/3, Vol. 17, pp. 351-368

Nicolas de Sadeleer, « La directive 92/43/CEE concernant la conservation des habitats naturels ainsi que de la faune et de la flore sauvages : vers la reconnaissance d'un patrimoine naturel de la communauté européenne », *RMCUE*, 1993, p. 24

Bertrand Seiller, « Pour un contrôle de la légalité extrinsèque des déclarations d'utilité publique », *AJDA* 2003, p. 1472

Diego Teles, « Le projet de loi sur les énergies renouvelables : la hâte est-elle ennemie de la perfection ? », *Dalloz Actualité*, 5 octobre 2022

Jean Untermaier, « Une innovation durable : la protection de la faune et de la flore dans la loi du 10 juillet 1976 », *RJE* 2016/4, Vol. 41, pp. 647-663

IV- Contributions aux mélanges et actes de colloques

Xavier Bioy, « Notions et concepts en droit : interrogations sur l'intérêt d'une distinction » *in Les notions juridiques*,

Economica (Séries Etudes juridiques), Vol. 1, 2009, pp. 21-53

Jérémy Bousquet, « Le poids économique dans la jurisprudence du bilan » in *Les 50 ans de la jurisprudence Ville Nouvelle-Est*, IFDJ, 2023, pp. 113-127

Xavier Braud, « Le juge interne et la protection nationale des espèces » *in Pour un droit commun de l'environnement. Mélanges en l'honneur de Michel Prieur*, Paris, Dalloz, 2007

Maryse Deguergue, « Intérêt général et intérêt public : tentative de distinction » *in L'intérêt général. Mélanges en l'honneur de Didier Truchet*, Paris, Dalloz, 2015, pp. 131-142

Pascale Deumier, « L'intérêt général « impérieux » et les conflits de normes » *in L'intérêt général. Mélanges en l'honneur de Didier Truchet*, Paris, Dalloz, 2015, pp. 159-168

Jean-François Couzinet, « De la nécessité publique à l'utilité publique : les évolutions du fait justificatif de l'expropriation » *in Propriété & Révolutions : Actes du Colloque de Toulouse*, Toulouse, Editions CNRS, 1990, pp. 197-205

Dorian Guinard, « La raison impérative d'intérêt public, nouvelles récentes d'une jeune notion en droit administratif » *in Droit et climat : interventions publiques locales et mobilisations citoyennes*, Paris, Dalloz (Thèmes et commentaires), 2022, pp. 13-27

Delphine Misonne, François Ost, « L'illusion du juste équilibre ou la variabilité de la jurisprudence du juge européen portant sur la balance des intérêts entre environnement et enjeux économiques » *in Pour un droit économique de l'environnement. Mélanges en l'honneur de Gilles J. Martin*, Frison-Roche, 2013

Danai Petropoulou Ionescu, Mariolina Eliantonio, « Words are stones : Constructing bindingness trough language in EU environmental soft law » *in The legal effects of EU soft law : theory, language and sctoral insights into EU multi-level governance* (Forthcoming), (SSRN version)

Rémi Radiguet, « L'avenir du contrôle environnemental des DUP : un avenir sans bilan ? », *in Les 50 ans de la jurisprudence Ville Nouvelle-Est*, IFDJ 2023, pp. 185-203

Hendrick Schoukens, Kees Bastmeijer, « Species protection in the European Union : How strict is strict ? » *in The Habitats Directive in its EU Environmental Law Context, European Nature's best hope ?*, Routledge, Abingdon, Oxford 2014 » (SSRN version)

Lucile Stahl, « The concept of 'conservation objectives' in the Habitat Directive : a need for a better definition ? » *in The Habitats Directive in its EU Environmental Law Context, European Nature's best hope ?*, Routledge, Abingdon, Oxford 2014, pp. 56-70

Peter De Smedt, Marleen van Rijswick, « Nature conservation and water management. One battle ? » *in The Habitat Directive in its EU Environmental Law Context, European Nature's best hope ?*, Routledge, Abingdon, Oxford, 2014, pp. 417-433

Patrick Wachsmann, « Un bilan du bilan en matière d'expropriation : la jurisprudence Ville Nouvelle-Est trente ans après » *in Gouverner, administrer, juger. Mélanges en l'honneur de Jean Waline*, Paris, Dalloz, 2002, p. 733 et s.

Marcel Waline, « Empirisme et conceptualisme dans la méthode juridique : faut-il tuer les catégories juridiques ? »

in Mélanges en l'honneur de Jean Dabin, Bruxelles, Bruylant, Vol. 1, 1963, pp. 359-371

V- Textes législatifs, réglementaires et textes internationaux

Textes internationaux

Convention de Ramsar du 2 février 1971 relative aux zones humides d'importance internationale particulièrement comme habitat des oiseaux d'eau

Convention de Berne du 19 septembre 1979 relative à la conservation de la vie sauvage et du milieu naturel de l'Europe

Convention d'Aarhus du 25 juin 1998 relative à l'accès à l'information, la participation du public au processus décisionnel et l'accès à la justice en matière d'environnement

AGNU, résolution 42/187 du 11 décembre 1987, Report of the World Commission on Environment and Development

Textes européens

Traité sur le fonctionnement de l'Union européenne (TFUE)

Traité sur l'Union européenne (TUE)

Traité d'Amsterdam modifiant le Traité sur l'Union européenne, les traités instituant les communautés européennes et certains actes connexes, JOCE, C 340/1 du 10 novembre 1997

Règlement (UE) 2022/2577 du Conseil du 22 décembre 2022 établissant un cadre en vue d'accélérer le déploiement des énergies renouvelables

Directive 79/409/CEE concernant la conservation des oiseaux sauvages ; JOCE n°L103, 25 avril 1979

Directive 92/43/CEE du Conseil du 21 mai 1992 concernant la conservation des habitats naturels ainsi que de la faune et de la flore sauvages dite directive « Habitats » ; JOUE n° L206, 22 juillet 1992

Directive 2000/60/CE du Parlement européen et du Conseil du 23 octobre 2000 établissant un cadre pour une politique communautaire dans le domaine de l'eau ; JOCE n°L327, 22 décembre 2000

Directive 2011/92/CE sur l'évaluation des incidences de projets sur l'environnement dite « EIE », 28 janvier 2012 ; JOUE n°L26/1

Directive 2023/2413 du Parlement et du Conseil du 18 octobre 2023 modifiant la directive (UE) 2018/2001, le règlement (UE) 2018/1999 et la directive 98/70/CE en ce qui concerne la promotion de l'énergie produite à partir de sources renouvelables, et abrogeant la directive (UE) 2015/652 du Conseil

Décision du Conseil 82/72/CEE du 3 décembre 1981 concernant la conclusion de la convention relative à la conservation de la vie sauvage et du milieu naturel de l'Europe

Textes français

Loi du 2 mai 1930 ayant pour objet de réorganiser la protection des monuments naturels et des sites de caractère artistique, historique, scientifique, légendaire ou pittoresque ; JORF n°0197, 4 mai 1930

Loi n°76-629 du 10 juillet 1976 relative à la protection de la nature ; JORF n°0162, 13 juillet 1976

Loi n°2006-11 du 5 janvier 2006 d'orientation agricole ; JORF n°5, 6 janvier 2006

Loi n°2008-757 du 1er août 2008 relative à la responsabilité environnementale et à diverses dispositions d'adaptation au droit communautaire dans le domaine de l'environnement ; JORF n°0179, 1er août 2008

Loi n°2021-1104 du 22 août 2021 portant lutte contre le dérèglement climatique et renforcement de la résilience face à ses effets, JORF n°0196 du 24 août 2021

Loi n°2023-175 du 10 mars 2023 relative à l'accélération de la production d'énergies renouvelables, JORF n°0060, 11 mars 2023

Loi n°2023-491 du 22 juin 2023 relative à l'accélération des procédures liées à la construction de nouvelles installations nucléaires à proximité de sites nucléaires existants et au fonctionnement des installations existantes, JORF n°0144, 23 juin 2023

Loi n°2023-973 du 23 octobre 2023 relative à l'Industrie Verte ; JORF n°0247 du 24 octobre 2023

Projet de loi d'orientation pour la souveraineté en matière agricole et le renouvellement des générations futures (AGRS2404686L), adopté en 1ère lecture à l'Assemblée nationale le 28 mai 2024

Ordonnance n°2001-321 du 11 avril 2001 relative à la transposition des directives communautaires et à la mise en œuvre de certaines dispositions du droit communautaire dans le domaine de l'environnement ; JORF n°0089, 14 avril 2001

Décret n°2023-1366 du 28 décembre 2023, pris pour l'application, sur le territoire métropolitain continental, de l'article L. 211-2-1 du code de l'énergie et de l'article 12 de la loi n°2023-491 du 22 juin 2023 ; JORF n°0303 du 30 décembre 2023

Décret n°2024-704 du 5 juillet 2024 modifiant le code de l'urbanisme et le code de l'environnement en vue de favoriser l'implantation des installations industrielles vertes ; JORF n°0159 du 6 juillet 2024

Arrêté du 16 décembre 2004 modifiant l'arrêté du 17 avril 1981 fixant les listes des mammifères protégés sur l'ensemble du territoire

Arrêté du 16 décembre 2004 modifiant l'arrêté du 7 octobre 1992 fixant la liste des mollusques protégés sur le territoire métropolitain

Arrêté du 16 décembre 2004 modifiant l'arrêté du 22 juillet 1993 fixant la liste des amphibiens et reptiles protégés sur l'ensemble du territoire

VI- Conclusions de jurisprudence

Jurisprudence française

Conclusions Nicolas Agnoux sous CE, 29 juillet 2022, n°443420, Association NENY et a.

Conclusions Guy Braibant sous CE, Ass., 28 mai 1971, n°78825, Ville nouvelle-Est

Conclusions Olivier Fuchs sous CE, 3 juin 2020, n°425395, 425399, 425425, Société La Provençale

Conclusions Stéphane Hoynck sous CE, 24 juillet 2019, n°414353, SAS PCE et a.

Conclusions Stéphane Hoynck sous CE, 3 juillet 2020, n°430585, 432446, Éco-quarter des Vaîtes

Conclusions Stéphane Hoynck sous CE, 15 avril 2021, n°432158, FNE Midi-Pyrénées

Conclusions Stéphane Hoynck sous CE, 30 décembre 2021, n°439766, Société Sablière de Millières

Conclusions Stéphane Hoynck sous CE, 17 octobre 2022, n°459219, 464620, Collectif triangle de Gonesse

Conclusions Stéphane Hoynck sous CE, 28 décembre 2022, n°447229, 453855, Sans Offshore à l'horizon et autres

Conclusions de Jean-Michel Riou sous CAA de Douai, 15 octobre 2015, n°14DA02064, Ministère chargé de l'écologie c/ Association « Écologie pour Le Havre »

Jurisprudence étrangère

Conclusions de l'avocat général Walter Van Gerven sous CJCE, 28 février 1991, C-57/89, Commission des Communautés européennes c/ RFA

Conclusions de l'avocate générale Juliane Kokott sous CJUE, grande chambre, 29 juillet 2019, C-411/17, Inter Environnement Wallonie ASBL

VII- Rapports, études, travaux et avis

Agence européenne de l'environnement, EEA Report n°10/2020 : State of the nature in the EU. Results from reporting under the nature directives 2013-2018

Communication Com(88) 381 final, Proposition de directive du Conseil concernant la protection des habitats naturels et semi-naturels ainsi que de la faune et de la flore sauvages, 16 août 1988 ; JOCE n°C247/3

Résolution législative (A 3-254/90) portant avis du Parlement européen sur la proposition de la Commission au Conseil relative à une directive concernant la protection des habitats naturels et semi-naturels ainsi que de la faune et de la flore sauvages, 24 décembre 1990 ; JOCE n°C324/71

Avis du Comité économique et social 91/C sur la proposition de directive du Conseil concernant la protection des habitats naturels et semi-naturels ainsi que de la faune et de la flore sauvages et sur les annexes complémentaires, 18 octobre 1990 ; JOCE n°C31/1

Communication Com(91) 27 final, Modification à la proposition de directive du Conseil concernant la conservation des habitats naturels et semi-naturels ainsi que de la faune et de la flore sauvage, 8 février 1991

Communication Com(2021) 550 final, « Fit for 55 », 14 juillet 2021

Communication Com (2022) 230 final, « Plan REPowerEU », 18 mai 2022

Communication Com(2022) 222 final 2022/0160 (COD), Proposition de directive du Parlement européen et du conseil modifiant la directive (UE) 2018/2001 relative à la promotion de l'utilisation de l'énergie produite à partir de sources renouvelables, la directive 2010/31/UE sur la performance énergétique des bâtiments et la directive 2012/27/UE relative à l'efficacité énergétique

Commission européenne, Avis du 24 avril 2003 relatif à l'approbation d'un plan cadre d'exploitation (Rahmenbatriebsplan) du charbonnage Prosper Haniel pour la période 2001-2019

Commission européenne, Avis C(2004) 3460 final du 17 septembre 2004

Commission européenne, Avis C(2009) 3218 final du 5 mai 2009

Commission européenne, Avis C(2010) 3674 final du 11 juin 2010

Commission européenne, Avis C(2013) 1871 final du 5 avril 2013

Commission européenne, « Document d'orientation sur la protection stricte des espèces animales d'intérêt communautaire en vertu de la directive « Habitats » 92/43/CEE », février 2007

Commission européenne, « Document d'orientation concernant l'article 6, paragraphe 4, de la directive « Habitats » », 26 avril 2012

Commission européenne, « Gérer les sites Natura 2000. Les dispositions de la directive « Habitats » (92/43/CEE) », 2019/C, 25 janvier 2019 ; JOUE n°C33/1

Commission européenne, C(2021) 7301 final « Document d'orientation sur la protection stricte des espèces animales d'intérêt communautaire en vertu de la directive « Habitats » », 12 octobre 2021

Commission européenne, Fitness check SWD(2016)472 final of the EU Nature Legislation (Birds and Habitats Directives)

Conseil des communautés européennes, note de transmission 7082/90 Env 144 du 28 février 1991

Conseil des communautés européennes, résultat des travaux 5112/91 Env 87 Rev 1 du 8 avril 1991

Conseil des communautés européennes, résultat des travaux 5949/91 Env 134 du 28 mai 1991

Conseil des communautés européennes, addendum au document 6755/91 Env 180 du 12 juin 1991

Conseil des communautés européennes, résultat des travaux 8557/91 Env 287 du 20 décembre 1991

Conseil d'Etat, Rapport public 1999, Paris, La documentation française, EDCE n°50

Conseil d'Etat, Rapport public 2006, Paris, La documentation française, EDCE n°57

Morgane Massol, « Les dérogations aux interdictions relatives aux espèces protégées. Analyse du contentieux », DREAL Occitanie, 25 février 2020

Exposé des motifs, projet de loi relatif à l'Industrie verte (ECOX2310860L)

VIII- Jurisclasseurs, encyclopédies juridiques et répertoires

Chantal Cans, Jessica Makowiak, Simon Jolivet, Edith Dejean, « Code de l'environnement annoté & commenté », Paris, Dalloz, 2023, 26ème édition

Jurisclasseur droit de l'environnement et développement durable, Lexis-Nexis :

Fasc. 3810 : Environnement et ressources naturelles – Protection des biotopes, habitats d'espèces et habitats naturels

Fasc. 3820 : Réseau Natura 2000 – Constitution. Régime de protection

Etude « *Faune et Flore* », Editions législatives (Elnet), Environnement et nuisances, 2023

IX- Sites internet

Avis Commission européenne concernant l'article 6 paragraphe 4 de la directive 92/43/CEE : https://ec.europa.eu/environment/nature/natura2000/management/opinion_en.htm

Dictionnaire Larousse en ligne, définition « impératif » :

https://www.larousse.fr/dictionnaires/francais/impératif/41844

INDEX

(Les chiffres renvoient aux numéros de paragraphes)

ANNEXE 1 : SCHEMAS

Méthode d'interprétation des RIIPM de l'article 6 §4

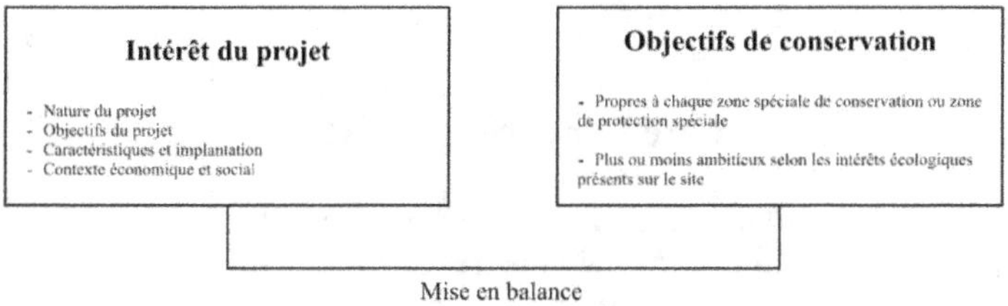

Méthode d'interprétation des RIIPM de l'article 16

Contrôle de l'intérêt public

Contrôle *in abstracto* de l'intérêt public du projet. Assimilable au contrôle de la présence d'un motif d'intérêt général dans le cadre des déclarations d'utilité publique.

↓

Contrôle du caractère majeur

Contrôle *in concreto*, des caractéristiques du projet, de sa taille de son implantation, de son importance au regard du territoire dans lequel il s'insère. Dimension spatiale de l'opération.

↓

Contrôle du caractère impératif

Contrôle *in concreto*, sur la nécessité de réaliser le projet au regard de la période en cours, notamment des politiques publiques qui sont portées. Dimension temporelle de l'opération.

ANNEXE 2 : TABLE DE JURISPRUDENCE

Jurisprudence européenne

CEDH, 28 octobre 1999, Zielinski et Pradal et Gonzalez et autres c. France

CJCE, 20 février 1979, Aff. 120/78, Cassis de Dijon

CJCE, 28 février 1991, C-57/89, Commission des communautés européennes c/ République fédérale d'Allemagne

CJCE, 26 octobre 2006, C-239/04, Commission des communautés européennes c/ Portugal

CJUE, 24 novembre 2011, C-404/19, Commission c/ Royaume d'Espagne

CJUE, 16 février 2012, C-182/10, Marie-Noël Solvay e. a. c/ Région Wallonne

CJUE, grande chambre, 29 juillet 2019, C-411/17, Inter-Environnement Wallonie ASBL et Bond Beter Leefmilieu Vlaanderen ASBL c/ Conseil des ministres Belge

CJUE, 2 mars 2023, C-432/21, Commission européenne c/ République de Pologne

Jurisprudence française

Cons. const., décision n°75-56 DC du 23 juillet 1975

Cons. const., décision n°99-425 DC du 29 décembre 1999

Cons. const., décision n°2023-848 DC du 9 mars 2023

CE, 19 mai 1933, n°17417, Benjamin, Lebon

CE, 15 décembre 1961, Sieur Chiaretta

CE, 4 mars 1964, n°58576, Dame Veuve Borderie, Lebon

CE, 15 mars 1968, n°69312, Commune de Cassis, Lebon

CE, Ass., 28 mai 1971, n°78825, Ministre de l'équipement et du logement c/ Fédération de défense des personnes concernées par le projet actuellement dénommé « Ville Nouvelle Est », Lebon

CE, 20 juillet 1971, n°80804, Ville de Sochaux, Lebon

CE, 21 juillet 1989, n°90625, ADCA, T. Lebon

CE, Ass., 28 mars 1997, n°170856, Association contre le projet de l'autoroute transchablaisienne, Lebon

CE, 10 juillet 2006, n°288108, Association interdépartementale et intercommunale pour la protection du lac de Saint-Cfroix, des lacs et sites du Verdon, Lebon

CE, 19 octobre 2012, n°343070, Commune de Levallois-Perret

CE, Ass., 2 avril 2013, n°342409, Association coordination interrégionale Stop THT et autres, Lebon

CE, 9 octobre 2013, n°355803, SEM Nièvre Aménagement

CE, 5 mars 2014, n°367233, Département du Bas-Rhin, T. Lebon

CE, 30 décembre 2015, n°371748

CE, 25 mai 2018, n°413267, Société PCE, T. Lebon

CE, 9 juillet 2018, n°410917, Commune de Villiers-le-Bâcle et a., T. Lebon

CE, 24 juillet 2019, n°414353, Société PCE, T. Lebon

CE, 29 juin 2020, n°438403, SEPANSO Dordogne

CE, 3 juin 2020, n°425395, Société La Provençale, T. Lebon

CE, 3 juillet 2020, n°430585, Les jardins des Vaîtes

CE, 17 décembre 2020, n°439201

CE, 15 avril 2021, n°430500, Société Les Moulins de Lohan, T. Lebon

CE, 15 avril 2021, n°432158, FNE Midi-Pyrénées

CE, 30 décembre 2021, n°439766 Société Sablière des Millières, T. Lebon

CE, 10 mars 2022, n°439784, Association sauvegarde des Avants-Monts

CE, 29 juillet 2022, n°443420, Association NENY et a., T. Lebon

CE, Sect., avis, 9 décembre 2022, n°463563, Association Sud Artois, Lebon

CE, 17 décembre 2022, n°459219, Collectif Triangle de Gonesse, T. Lebon

CE, 28 décembre 2022, n°447229, Sans offshore à l'horizon, T. Lebon

CE, 18 avril 2024, n°471141

CAA Bordeaux, 29 juin 2009, 07BX01393

CAA Douai, 15 octobre 2015, 14DA02064

CAA Marseille, 25 octobre 2016, 15MA01400

CAA Nantes, 14 novembre 2016, 15NT02386

CAA Lyon, 16 décembre 2016, 15LY02097

CAA Marseille, 1er juin 2018, 17MA02799

CAA Marseille, 14 septembre 2018, 16MA02625

CAA Douai, 28 février 2019, 16DA01163

CAA Bordeaux, 10 décembre 2019, 19BX02327

CAA Bordeaux, 19 mai 2020, 18BX01935

CAA Nancy, 8 juillet 2021, 19NC00490

CAA Lyon, 16 septembre 2021, 19LY00268

CAA Lyon, 16 mars 2022, 20LY00289

CAA Nantes, 5 avril 2022, 19NT02389

CAA Nantes, 21 octobre 2022, 19NT01477

CAA Bordeaux, 4 juillet 2023, 21BX02843, 21BX02844, 21BX02845, 21BX01074

CAA Bordeaux, 16 avril 2024, 21BX02843, 21BX02844, 21BX02845, 23BX01074

TA de Dijon, 27 février 2013, n°1300303

TA de Dijon, 14 avril 2015, n°1201960

TA de Marseille, 3 mai 2016, n°1502035

TA de Toulouse, 6 septembre 2018, n°1502207

TA de Lyon, 15 novembre 2018, n°1707908

TA de Bordeaux, 9 avril 2019, n°1800744

TA de Besançon, 4 juillet 2019, n°180179

TA de Lyon, 7 octobre 2021, n°200448

TABLE DES MATIÈRES

Structures éditoriales du groupe L'Harmattan

L'Harmattan Italie
Via degli Artisti, 15
10124 Torino
harmattan.italia@gmail.com

L'Harmattan Hongrie
Kossuth l. u. 14-16.
1053 Budapest
harmattan@harmattan.hu

L'Harmattan Sénégal
10 VDN SICAP AMITIE 3
BP 45034 Dakar-Fann
direction@senharmattan.com

L'Harmattan Cameroun
Tsinga/Derrière polyclinique FECAFOOT
BP 11486 Yaoundé
Jacques.koukam@harmattan.fr

L'Harmattan Burkina Faso
Villa 281, secteur 23 623, rue 14.32
Ouagadougou
zagbie@outlook.fr

L'Harmattan Guinée
Almamya, rue KA 028 OKB Agency
BP 3470 Conakry
harmattanguinee@yahoo.fr

L'Harmattan RDC
185, avenue Nyangwe
Commune de Lingwala – Kinshasa
matangilamusadila@yahoo.fr

L'Harmattan Congo
219, avenue Nelson Mandela
BP 2874 Brazzaville
deunovmikhael@gmail.com

L'Harmattan Mali
Immeuble Mgr Jean Marie Cissé
Aci Hamadallaye
BP 145 Bamako
syllaka@yahoo.fr

L'Harmattan Togo
Djidjole – Maison Amela
face EPP BATOME
02 BP 20680 Lomé
didieramela11@gmail.com

L'Harmattan Côte d'Ivoire
Résidence Karl – Cité des Arts
Abidjan-Cocody
03 BP 1588 Abidjan
harmattan.ivoire@gmail.com

L'Harmattan Bénin
Rue 604, (Immeuble à l'entrée
de la rue UCAO- Cite de Saint-Jean)
Cotonou
stepcorpus@gmail.com

Nos librairies en France

Librairie internationale
16, rue des Écoles
75005 Paris
librairie.internationale@harmattan.fr
01 40 46 79 11
www.librairieharmattan.com

Librairie des savoirs
21, rue des Écoles
75005 Paris
librairie.sh@harmattan.fr
01 46 34 13 71
www.librairieharmattansh.com

www.ingramcontent.com/pod-product-compliance
Lightning Source LLC
LaVergne TN
LVHW011021061026
849535LV00006B/1992
9782336497983